SUR

L'ÉDUCATION NATIONALE

DANS LES

ÉTATS-UNIS D'AMÉRIQUE.

SECONDE ÉDITION.

« Form the soft bosom with the gentlest art. »
POPE.

Par Mr Dupont de Nemours.

PARIS,
LE NORMANT, IMPRIMEUR-LIBRAIRE,
RUE DE SEINE, N° 8, F. S. G.
FIRMIN DIDOT, LIBRAIRE, RUE JACOB, N° 24.
1812.

AVERTISSEMENT.

CET ouvrage a été fait en 1800, à la demande de M. JEFFERSON, alors vice-président, et depuis, président des Etats-Unis d'Amérique ; il a eu le suffrage de ce grand Magistrat et de son respectable successeur.

On ignorait entièrement alors en France, en Angleterre et aux Etats-Unis, qu'à peu près à la même époque, ou même un peu plus tôt, se formaient en Hollande les belles écoles primaires que M. CUVIER nous a fait dernièrement connaître dans un intéressant rapport.

L'auteur se trouve heureux d'avoir eu plusieurs idées semblables à celles des sages fondateurs de ces Ecoles. Quand sur des institutions très importantes, et qui demandent une profonde réflexion, des hommes animés de l'amour du bien public se rencontrent sans s'être rien communiqué, on doit croire que c'est par quelques raisons puisées dans la nature des choses.

La plus grande gloire en appartient à ceux qui les premiers ont commencé l'exécution, et l'ont fait avec succès. L'écrivain qui n'a cherché que dans son cœur les conseils qu'il a donnés aux Américains, est loin de disputer aux Hollandais cet honorable avantage.

SUR
L'ÉDUCATION NATIONALE
DANS LES
ÉTATS-UNIS D'AMÉRIQUE.

PREMIÈRE PARTIE.

DES PETITES ÉCOLES, OU ÉCOLES PRIMAIRES.

Les Etats-Unis sont plus avancés, relativement à l'éducation, que la plupart des autres sociétés politiques.

Ils ont un grand nombre de petites écoles; et la tendresse paternelle, dans ce pays, ne mettant les enfans que fort tard au travail des champs, il est possible de les envoyer chez le maître : ce que l'on ne saurait faire en Europe, du moins, pour la pluralité.

Les jeunes Américains apprennent donc presque tous à lire, à écrire et à compter. Il n'y en a pas plus de quatre sur mille, qui n'écrivent pas lisiblement et même proprement : tandis qu'en Espagne, en Portugal, en Italie, il n'y a guère qu'un sixième de la nation qui sache lire; en Allemagne, en France même, pas plus d'un tiers; en Pologne, environ deux hommes sur cent, et en Russie, pas un sur deux cents.

L'Angleterre, la Hollande, et les cantons protestans de la Suisse approchent plus, à cet égard, des Etats-Unis, parce qu'on y lit beaucoup la Bible; qu'on y regarde comme un devoir de la faire lire aux enfans, et que le culte, les sermons, la lithurgie en langue vulgaire y ont étendu et généralisé les idées morales. La controverse y a contribué aussi à exercer l'argumentation, et à donner une habitude de logique.

Dans l'Amérique-Unie, une grande partie de la nation lit de même la Bible, et toute la nation lit assidument la gazette. C'est à quoi s'occupent à haute voix les pères de famille en présence de leurs enfans, pendant les préparatifs du déjeuner, auxquels les mères emploient au moins trois quarts d'heure tous les matins. Et comme les longues gazettes des Etats-Unis sont remplies de toutes sortes de récits, d'observations politiques, morales, physiques, philosophiques, de détails sur l'agriculture, les arts, les voyages, la navigation, et d'extraits de tous les bons livres de l'Amérique et de l'Europe, elles font passer en revue une multitude d'idées, dont une partie profite aux jeunes gens, surtout lorsqu'ils arrivent à l'âge où leur père se décharge de la lecture sur ceux qui s'en acquittent le mieux.

C'est à ce genre d'éducation que les Américains des Etats-Unis, sans avoir plus de grands hommes que les autres nations, doivent l'avantage très précieux d'avoir plus d'*hommes moyens;* et cet autre que, si leur instruction peut sembler moins forte, elle est mieux et plus également répartie. — Mais ce n'est pas à dire qu'on ne puisse rendre meilleure cette instruction générale; et puisqu'on le peut, on le doit.

D'abord on peut épargner aux enfans le travail d'apprendre à lire, en leur montrant à écrire tout de suite.

C'est une méthode fort simple, proposée depuis longtemps, et qui n'a été que très peu suivie. Dans les écoles, même les plus célèbres, et sur les autres points les plus perfectionnées, on croirait manquer à tous les principes, en laissant manier une plume aux enfans avant qu'ils sussent parfaitement lire.

L'écriture est un second métier, auquel on les force de se livrer lorsqu'on a épuisé sur la lecture, et répercuté par elle, cette ardeur juvenile qui les porte à s'instruire quand on ne les en empêche pas.

On les a lassés de préceptes et d'obéissance; et l'on vient les assujettir encore, au moment même où l'on pourrait, en leur choisissant, en leur composant des livres à leur portée, leur procurer quelque amusement et quelque utilité par cet art de lire qu'on leur a si difficilement rendu praticable. — On leur fait connaître, comme dit Montesquieu, *le travail après le travail*, ou plutôt l'ennui après l'ennui; quelquefois on les dégoûte pour toujours des occupations sédentaires qui, mélangées et distribuées avec intelligence, peuvent devenir une si abondante source de lumières et de plaisirs.

Commencer l'instruction d'un enfant en lui montrant à lire, c'est oublier qu'il aime mieux occuper ses doigts que sa tête, ou, pour mieux dire, qu'il n'occupe bien sa tête qu'en exerçant ses doigts. Il a un besoin pressant de remuer, d'agir, de faire. Il en a la confiance et l'ambition, justement établies sur une multitude d'expériences. Il n'a rien appris qu'en se démenant, courant, palpant, faisant. Ce sont ses mains, ses pieds, ses yeux, ses observations spontanées, qui ont rassemblé et mis à son usage les idées déjà très nombreuses, les notions physiques et même métaphysiques, déjà très multipliées, qui remplissent son jeune cerveau et dirigent ses actions. Il a peine, en conséquence, à se réduire au rôle d'auditeur. — L'immobilité que ce rôle exige répugne à ses organes, que la nature pousse au développement; et accable son esprit impatient, non pas de mots, surtout de ceux qu'il ne comprend point, mais de choses nouvelles, et qu'il puisse comprendre. — Quand il écoute, ce sont d'autres personnes qui le maîtrisent et lui enseignent. Quand il agit, il s'enseigne lui-même. Il est donc plus libre, partant plus heureux et mieux disposé.

Pour un enfant, lire, c'est écouter et répéter; écrire, c'est agir, et créer quelque chose de rien.

Lire, oblige à se tenir dans la même place; écrire peut se faire de trois ou quatre façons : sur le sable, avec un bâton; sur la muraille, avec un charbon; sur une planche ou une ardoise, avec de la craie; enfin, sur le papier, tantôt avec un crayon, tantôt avec une plume et de l'encre. — La fatigue est moins grande, l'amour-propre est plus satisfait; la variété des manières engage à s'essayer plus souvent; elle imprime davantage l'instruction, et dissipe l'ennui.

L'art d'écrire, lorsqu'on débute par lui, et qu'on lit à mesure, est beaucoup plus facile que celui de lire appris séparément. Il est si aisé de les enseigner en même temps que tous les enfans pourraient les savoir avant de sortir de la maison paternelle, et arriver à l'école avec ces deux instrumens d'études tout préparés.

Dès qu'on a montré à un enfant l'art de faire un A, il sait bien que c'est un A. Il sait donc le lire.

Si vous lui montrez ensuite à faire un P, et si vous placez ce P devant l'A, il a écrit PA. En recommençant, il s'aperçoit qu'il a écrit PAPA. Tout enfant qui, avec deux petits jeux, sait écrire le nom de son père, est enchanté. Il court, ivre de joie, le dire à sa mère, et r'écrit PAPA, PAPA, plus qu'on ne le lui demande. — Un seul petit jeu de plus lui donne une troisième lettre, et lui fait écrire MAMA; sa joie est encore plus douce. Il ne répugne nullement à varier l'expérience, dans les différens caractères usités; au contraire, il s'en amuse. Cela fait toujours *Papa* et *Mama:* chacun en convient; et chaque fois qu'il montre son ouvrage, il a une jouissance. Les lettres de l'enfant ne sont pas d'abord aussi belles que celles qu'on a dessinées devant lui; on lui dit: *Je fais mieux que toi.* Il tâche de faire aussi bien, et, à force de tentatives, il y réussit.

Cat, chat; *dog*, chien; *fly*, mouche; *cock*, coq; *hen*, poule; *egg*, œuf; *bird*, oiseau; *eye*, œil; *eyes*, yeux; *nose*, nez; *ear*, oreille; *tree*, arbre; *corn*, blé; *fire*, feu; *bread*, pain, et autres mots du même genre, ne lui coûtent guères davantage (1). Ce sont des choses qu'il connaît. Il comprend ce qu'il fait, et conçoit que cela peut être utile. On a commencé par les idées qui lui sont les plus chères, et par les mots les plus courts; l'ouvrage ou le jeu n'ont jamais été longs. Le dessin au simple trait a pu y aider, lui donner un autre genre de plaisir et d'instruction, et l'engager encore plus à l'écriture, qui est moins laborieuse. Que serait un enfant qui ne saurait pas écrire le nom de l'animal qu'il aurait dessiné? il en aurait honte. L'union du dessin et de l'écriture lui apprendra un peu d'histoire naturelle, lui en inspirera le goût, fortifiera son penchant pour l'observation.

Il vous tourmentera pour que vous lui enseigniez à écrire quelque mot, que souvent il vous indiquera. Il le répétera en votre absence. Vous n'aurez pas besoin de lui montrer aucune lettre avant qu'elle lui soit nécessaire pour un mot. Mais en le livrant à son propre mouvement, et ne faisant que lui prêter secours, toutes les lettres, toutes les syllabes y passeront: elles y passeront à son heure et à son gré.

Les noms auxquels il aura songé de lui-même, ou en

(1) Cet ouvrage ayant été fait pour une nation dont la langue la plus générale est l'Anglais, il a paru convenable de prendre les exemples dans cette langue.

le mettant sur la voie, étant épuisés, vous remarquerez qu'ils ont un sens bien général, un peu vague, et vous y ajouterez l'article *the*, le, la; le pronom *this*, ce, cet; l'application du nom sera individualisée.

Peu après viendront quelques adjectifs, et, avec eux, la notion claire des *choses*, qu'on peut peindre, et des *qualités*, qu'on ne peut qu'exprimer. Vous jugerez si ce n'est pas une occasion naturelle de lui faire observer l'analogie de *good*, bon, avec GOD, DIEU, *la bonté suprême*.

La nécessité, le plaisir, la convenance de joindre l'expression des *qualités* au *nom* de celui qui les a, obligeront d'employer du verbe être le mot *is*, est, il est. Avec lui, l'enfant saura composer des phrases; et il écrira volontiers les phrases qu'il aura composées.

Le désir de varier ces phrases au présent, au passé, au futur, au conditionnel, le mettra, par la pratique, au fait des conjugaisons. Il verra, en chemin, que le présent de l'infinitif des verbes n'est qu'un nom.

Les adverbes, les prépositions, les conjonctions trouveront leur place dans les phrases qu'il vous proposera. — Les interjections sont des cris : c'est la première chose qu'il ait connue.

Il voudra pouvoir écrire tout ce qu'il est accoutumé à penser et à dire. Ce sera le temps de profiter des bons sentimens de reconnaissance, d'amitié, de justice, naturels à son âge, pour enregistrer sous sa plume et dans son cœur, les maximes abrégées qui lui auront fait impression, dont on ne peut être pénétré de trop bonne heure, dont le souvenir ne doit se perdre qu'avec la vie.

Tout ce qu'il écrira, il l'écrira correctement, parce que ce sera vous qui lui fournirez, ou lui aurez fourni, les lettres et la ponctuation propres à rendre sa pensée.

Un enfant pourrait apprendre ainsi, et à la fois, même deux langues, avec leur orthographe, les principes de leur grammaire; et, dans ces langues, les premiers élémens de la morale, quelque peu d'histoire naturelle. Il aurait acquis le goût, peut-être conçu la passion de la lecture, avant l'âge où les autres enfans finissent d'apprendre à lire, et où la pluspart ne regardent les livres que comme des objets d'ennui. Il aurait allongé au moins d'un an sa vie intellectuelle, et il en aurait beaucoup augmenté la vigueur.

Le succès de cette suite d'opérations n'éprouvera jamais aucune difficulté dans l'éducation domestique, conduite par un bon père un peu instruit (1); et il serait

---

(1) Il y a environ quarante ans, qu'employant la méthode que je viens d'exposer, j'ai enseigné à lire à mes deux fils, sans leur en parler, et en leur montrant à écrire.

Il y en a vingt que j'ai fait un second essai de cette methode, sur plusieurs enfans de mon village, avec lesquels elle a si bien réussi, qu'en assez peu de mois ils écrivaient fort proprement, sous la dictée les uns des autres. Je publiai alors, à ce sujet, une brochure intitulée : *Vues sur l'Education nationale, par un cultivateur.* Cette brochure, adressée au *Comité de l'Instruction publique*, eut peu de succès : ce qui n'ôte rien à mon respect, ni à ma reconnaissance pour les membres de ce comité, parmi lesquels se trouvaient des philosophes du premier ordre, et qui a rendu les plus éminens services à la nation, au monde, en conservant nos biblio-

mieux qu'elles eussent lieu dans le sanctuaire des familles. Mais si l'éducation domestique a été négligée, ou empêchée par des circonstances particulières à la position des parens, rien ne s'oppose à ce qu'il y soit suppléé par l'éducation nationale et publique. Les mêmes idées, la même gradation d'idées peuvent être employées par un professeur, et produiront à peu près les mêmes effets sur

---

thèques, nos médailles, les débris de nos monumens, et en rétablissant nos académies, en les unissant par un lien commun en un seul corps, sous le nom d'*Institut*. Mais, dans la tourmente révolutionnaire, ils n'avaient pas le loisir de s'attacher aux détails, et n'étaient bien libres ni de leurs pensées ni de leurs actions.

Ma brochure oubliée, j'ai vainement tenté d'en faire adopter les principes à quelques amis; presque personne n'a voulu renouveller mon expérience. On s'en est constamment tenu, dans mon pays, aux diverses variétés du bureau typographique, qui depuis soixante-dix ans, sont encore des *nouveautés*, et n'ont pas même pénétré dans les petites écoles, où la méthode de M. Choron n'a fait aussi que peu de progrès.

On ne savait point à Paris que, chez la nation allemande, moins frivole que la nôtre, l'usage de l'écriture, comme première étude, avoit été plus heureux; et c'est avec un plaisir extrême que je viens d'apprendre, dans le second Numéro des *Annales de l'Education*, rédigées par M. Guizot, que dès 1778, M. *Joachim-Henri* Campe avait fait imprimer, à Altona, un excellent Mémoire où il développait, avec beaucoup d'esprit, de raison et de goût, les avantages du procédé dont je me croyais le seul inventeur.

J'espère à présent que mes concitoyens, auxquels ce qui vient de l'étranger paraît toujours plus précieux, dédaigneront moins une idée qui a également frappé deux philosophes inconnus l'un à l'autre, que la différence de leur langue et quatre cents lieues de distance séparaient entièrement. Cette circonstance prouve que l'idée n'était pas sans justesse.

Lorsqu'elle sera généralement mise en pratique dans le Holstein et aux Etats-Unis d'Amérique, elle s'introduira en France, où elle est née.

les enfans en troupe que sur les enfans isolés. — Pourquoi? — C'est qu'elles sont puisées dans la nature de l'esprit et du cœur de l'homme, qui sont les mêmes à tout âge, et plus aisés à saisir chez les enfans, dont l'âme est encore pure, dont la raison est neuve, dont la sensibilité n'est pas altérée.

Notre premier devoir, dans leur éducation, est de ne pas contrarier le cours naturel de leurs idées, de ne pas fatiguer leur courage, d'épargner leur peine et leur temps, que nous pourrons leur faire employer à des connaissances réelles, bien plus utiles pour leur meubler la mémoire, et leur former le jugement, que la lecture et l'écriture, qui ne sont que des *arts* destinés à faciliter l'acquisition des *sciences*.

Celle qui leur sera du plus grand usage, et qui leur devient le plus nécessaire, est l'arithmétique. — Il faut la leur montrer par la géométrie : ce qui la rend beaucoup plus facile à comprendre et bien plus amusante, sans compter l'avantage d'apprendre à la fois, par les mêmes opérations de l'esprit, deux sciences importantes au lieu d'une seule.

Ces méthodes d'enseignement économisent le temps, développent l'intelligence loin de la fatiguer, et donnent le loisir, le moyen de placer dans la tête des enfans toutes les bases de la morale et de la physique, véritables objets de l'éducation, et ceux qui intéressent principalement l'homme, sa famille et sa patrie.

Mais, pour la morale et la physique, il faut se procurer des livres classiques propres à la première enfance. Toutes les nations en sont également dénuées.

Ces livres doivent contenir la suite des leçons que les enfans auront à écrire et à lire. Il faut bien que, pour apprendre à écrire et à lire, on leur fasse journellement écrire et lire quelque chose; et il n'en coûte pas plus que l'*exemple*, au lieu d'être arbitraire ou sans raison, renferme une instruction claire et utile, qu'on se bornera dans le commencement à transcrire, et sur laquelle ensuite le maître pourra raisonner et faire raisonner les élèves.

Le principe pour ces livres est qu'ils intéressent, qu'ils satisfassent la curiosité des enfans, et qu'ils ne les rebutent pas.

Répétons que les enfans ont tous un extrême désir de s'instruire. Ils ne s'occupent pas d'autre chose. Sans cesse ils font pour cela des observations et des expériences : ils sont d'impitoyables questionneurs. Et ce qui leur donne le plus souvent du dégoût pour les études classiques et sédentaires auxquelles nous voulons les soumettre, c'est qu'elles les détournent des études chéries qu'ils font librement et très fructueusement dans leurs promenades et leurs jeux, ou en rôdant autour de nous avec une attention à laquelle nous ne prenons point garde, et dont nous ne croyons pas être l'objet.

Il n'y en a point, même de ceux qui, dans la suite, et ordinairement par notre faute, deviennent bêtes, dont les observations physiques, morales, mécaniques, philosophiques, grammaticales et métaphysiques, ne soient prodigieuses.

La pluspart d'entre eux ont, à sept ans, la moitié des idées qu'ils pourront recueillir et concevoir dans leur vie entière, et celles qu'on pourra le moins chasser de leur cerveau.

Nous éprouvons tous que ce qui est le plus profondément gravé dans notre mémoire, est ce que nous avons appris dès la première enfance, à commencer par notre langue natale.

Une mémoire neuve retient tout. Un esprit qui commence à s'exercer travaille de lui-même sur les choses qu'il peut saisir, et se les imprime dans l'entendement avec une force plus grande que celle qu'il pourra déployer quand les passions et les distractions seront venues à la traverse.

Notre habileté doit empêcher ce premier et volontaire travail des enfans de porter à faux; car de là dépendra toujours la justesse de leur esprit, et presque toujours la moralité de leur conduite quand ils seront devenus hommes.

Si les notions qu'ils ont prises dans leur premier âge, sont et doivent être contrariées par celles qu'ils recevront ensuite, la pluspart d'entre eux n'auront jamais que des opinions flottantes.

Il arrivera un plus grand mal à ceux dont le caractère est nerveux et décidé. Obligés de reconnaître qu'une partie de l'instruction de leur enfance était tissue d'erreurs, ils déchirent l'étoffe entière, et prennent en mépris les vérités mêmes avec lesquelles ces erreurs étaient mêlées.

C'est ainsi que la pluspart des athées, ayant été élevés par des fanatiques, se sont révoltés contre la GRANDE RAISON qui gouverne l'univers, à cause de *la grande déraison* avec laquelle leurs précepteurs parlaient d'ELLE. —*Voltaire* dit très plaisamment,

« Qu'ils ont fait pâtir DIEU des sottises du prêtre. »

Il faut donc avoir soin de profiter de l'heureuse disposition que la nature donne aux enfans pour leur inculquer, même lorsqu'ils sont encore très jeunes, des principes qui, en occupant leur activité native et leur première sagacité, soient tellement justes, qu'ils puissent être confirmés par tout ce que leur apprendra dans la suite l'étude pratique des hommes et des choses. Car alors l'expérience venant à l'appui de ce qu'on leur aura enseigné, le respect et la confiance pour leurs instructeurs augmenteront toute leur vie, et donneront un grand poids aux maximes de morale qu'ils en auront reçues. Leurs actions auront un système suivi. Ils s'appuieront sur des règles qui leur deviendront chères, comme les devant en partie à eux-mêmes, et en partie à des gens qu'ils reconnaîtront avoir eu lieu d'aimer et d'estimer.

Objets et Méthode de l'Enseignement.

Les livres classiques de l'enfance doivent lui donner tous les élémens de la morale, quelques uns de ceux de la physique et des mathématiques.

Il est bon et nécessaire, par rapport à la morale, qu'au sortir de l'école les enfans aient des idées nettes :

Sur la *liberté*, qui ne doit jamais s'étendre jusqu'à gêner celle des autres ;

Sur la *propriété*, qui s'acquiert par le travail, et peut se transmettre par l'échange, la vente, l'héritage ou la donation ;

Sur la *justice*, dont la première branche consiste à respecter la liberté et la propriété d'autrui ;

Sur l'utilité des *secours réciproques* et la sainteté des *contrats ;*

Sur la *bienfaisance*, qui comprend la *compassion*, l'*indulgence* et la *restitution* envers les enfans, les vieillards et les infirmes, des *services* que nous avons reçus nous-mêmes, au moins dans le temps de notre enfance qui ne fut qu'un assemblage de faiblesse et d'infirmité.

Il faut que tout le monde sache comment et pourquoi ces *rameaux de la bienfaisance* sont eux-mêmes des branches *de la justice*.

Quant à la physique :

Les enfans ne doivent pas être entièrement ignorans des principales vérités de la *cosmologie*, ni de celles qui peuvent éclairer l'*agriculture* et les *arts*.

Ils ont besoin de recevoir une légère notion de l'*Histoire naturelle des bestiaux* et *des plantes les plus usuelles ;* c'est une chose très amusante à tout âge, et ils y trouveront, incidemment, quelques lumières sur la végétation, la culture et les engrais.

Il leur faut, sur l'*hygiène*, une idée des causes qui rendent l'air salubre ou insalubre, et des raisons qui font que *le travail* est *si utile à la santé*.

Ce qu'ils doivent apprendre de *mathématiques*, dans les petites écoles, est très facile à comprendre, et tout aussi utile.

Il n'y a rien de plus aisé que de leur rendre cette étude agréable : tout l'art consiste à la leur faire commencer comme la nature elle-même l'aurait fait sans nous, et comme elle l'a réellement fait dans l'origine des temps.

Elle ne nous a pas offert une seule abstraction. Mais des objets, des *choses physiques*, qui nous ont intéressé, et que nous avons voulu connaître.

Les observations, les subdivisions, les abstractions ont été notre propre ouvrage. Il n'y avait aucun autre moyen pour qu'elles ne nous déplussent, ni ne nous fatiguassent.

Hé bien! nos enfans sont faits comme l'étaient nos premiers ancêtres. Donnons-leur la même méthode de travail. Aidons-les seulement à suivre leur propre route, à exercer leur propre intelligence, sans exiger qu'ils croient à la nôtre. *Socrate* ne se piquait que d'accoucher les esprits.

Quand nous faisons passer un jeune homme de la notion très métaphysique du *point* à celle de *la ligne;* de celle de *la ligne*, encore assez métaphysique, à celle de *la surface* qui enfin lui présente une image; et de celle de *la surface* à celle *du solide*, nous renversons l'ordre naturel des connaissances. Nous tenons long-temps son esprit en l'air, sans qu'il voie où il se reposera : nous le lassons. *A quoi bon?* dit l'enfance : elle a grande raison. Il faut absolument lui montrer l'*à quoi bon;* ou il faut renoncer à être secondé par l'heureux courant de son activité naissante. Voudrions-nous que les enfans fussent attentifs, qu'ils fissent des efforts, qu'ils travaillassent sur notre parole, quand nous-mêmes ne travaillons que pour notre intérêt ou notre plaisir?

Si, au contraire, nous imitions la nature; si nous mettions sous les yeux de nos jeunes observateurs *les choses* avant *les idées*, et *les idées* avant *les mots*, nous suivrions la marche de leur intelligence et de toutes les intelligences, et nous aurions tout le succès que la force de leur esprit puisse comporter. — Pour ces premières études *mathématiques*, il faut donc avoir des cubes et des parallélepipèdes d'une seule pièce, et d'autres de même dimension, composés d'une réunion de petits cubes dont quelques uns soient subdivisés en cubes plus petits ; il faut que les petits cubes et les plus petits soient les uns noirs, et les autres blancs, pour que les élèves puissent aisément les nombrer de leur place. Ensuite il faut compter devant eux, et faire compter par un ou plusieurs d'entre eux, les petits cubes qui serviront à former les gros. Il en résultera une démonstration incontestable du toisé de ces solides. Les enfans auront eu constamment une idée claire de ce qu'ils auront vu et de ce qu'ils auront fait. Nous leur aurons appris avec une étonnante rapidité, avec une imperturbable sûreté, et presque à la fois, les racines cubiques, les racines carrées, le toisé des solides, celui des surfaces, celui des longueurs, des largeurs, des épaisseurs, des lignes; la soustraction, l'addition, la division, la multiplication, les proportions.

Nous leur ferons écrire par un chiffre le *numéro* de chaque cube, à mesure qu'on en fera la séparation ou la réunion; et l'idée de la chose se liera, dans leur tête, à celle du chiffre. Ils ne calculeront pas à vuide.

Quelques uns de nos cubes auront une de leurs faces divisée par la diagonale en deux triangles rectangles, l'un noir et l'autre blanc; et le carré de l'hypothénuse sera bientôt démontré, ainsi que l'égalité des trois angles d'un triangle à deux angles droits.

Après avoir divisé des cubes en parties aliquotes cubiques, on en divisera d'autres en prismes, et d'autres en pyramides : jamais par la seule pensée, toujours en solides réels. On en formera des corps qui paraîtront d'abord moins faciles à mesurer que le cube. Mais, en les considérant comme des fractions de cubes, et ensuite leurs composés comme des assemblages de fractions de cubes qui lui seront déjà connues, l'enfant parviendra aisément à saisir les principes de leur toisé.

En lui offrant des figures semblables de dimensions égales et de diverses matières : de fer, de plomb, de pierre, de bois, et les pesant, ou les plongeant dans l'eau devant lui, on éveillera sa pensée sur les *gravités spécifiques;* on lui donnera une légère idée du plaisir qu'eut

Archimède lorsqu'il découvrit la solution du problème de *la Couronne de Hiéron.*

On irait ainsi, par les yeux, à l'entendement ; de la physique, aux mathématiques ; et revenant ensuite des mathématiques à la physique, toujours la figure, la machine, l'expérience à la main, on apprendrait aux élèves à connaître les propriétés du lévier et de ses différentes espèces ; celles du plan incliné, du coin, de la vis, du rouleau, des poulies, des mouffles, des roues dentées ; les causes et surtout l'effet de l'ascension de l'eau dans le vuide.—Des enfans qui croiraient n'avoir que joué, sauraient mesurer leur champ, bâtir leur maison, construire une pompe, ou un moulin.

En Amérique, où les habitations rurales sont isolées, il est à désirer que les principes des *arts mécaniques* soient très répandus, et que chaque famille ait dans son sein au moins une espèce de *savant* : car on n'a pas toujours les hommes du métier à sa portée.

On n'en est point encore, dans ce pays, à pouvoir ni devoir rechercher les avantages de la *division du travail*, qui font prospérer les manufactures et le commerce des grandes nations, en *stupéfiant* une partie de leurs citoyens : et confiant le destin d'une multitude de familles aux hazards si variables de la mode ; à la garantie, si injuste et si incertaine des privilèges exclusifs protégés à coups de canon ; à l'espoir, si peu raisonnable que les autres nations n'apprendront pas à travailler, et que l'on pourra garder les secrets des arts.

On en est, au contraire, à cette époque heureuse, où il faut que tout homme aiguise son génie en sachant un peu de tout : où l'espèce devient éclairée, bonne et robuste ; où des familles qui ont vécu dans l'aisance, peuvent long-temps *essaimer*, et léguer à d'autres familles, leurs égales, la rosée du ciel et la graisse de la terre qui ne dépendent de la fantaisie de personne, ne craignent la rivalité d'aucune nation, et multiplient les jouissances en raison de ce que toutes les nations prospèrent, ce qui ne laisse point de motif aux inimitiés.

Il ne faut donc pas craindre, en Amérique surtout, et il ne faudrait craindre nulle part, de rendre les écoles primaires un peu fortes.

La difficulté n'est pas de savoir comment tant d'idées, ou leur germe durable, entreront dans la tête des enfans depuis l'âge de sept ans jusqu'à celui de dix ou douze, et pourront s'y conserver et même s'y étendre, après que l'enseignement sera fini ; elle est de savoir comment on les distribuera pour qu'il y ait dans ces jeunes têtes un développement progressif, toujours sensé, et qui, ne s'arrêtant pas, leur offre constamment l'attrait de la nouveauté, et ne permette point à l'ennui de prendre la place du plaisir que leur donne naturellement l'instruction.

Quand l'enfant ne voit rien de nouveau et n'apprend plus, il méprise son maître et son étude. L'intelligence jeune et active des élèves devance aisément et presque toujours l'intelligence de leurs professeurs, devenue paresseuse. Nous fabriquons chez eux l'indiscipline ou la bêtise, quand, ne pouvant plus nous-mêmes donner à leur esprit une pâture qui le fortifierait, l'améliorerait, nous les renvoyons à des jeux que les progrès de cet esprit leur ont déjà rendus insignifians, ou à l'amusement de leurs petits frères : ce qui rabat leurs facultés et les *r'enfantine*, quelquefois de manière à ne s'en relever jamais.

Il est très commun dans les familles que les aînés aient moins d'esprit que les cadets; et c'était une des choses qui rendaient si ridicule le droit d'aînesse. Ce désavantage des aînés vient ordinairement de ce que les cadets n'ont jamais été obligés d'arrêter l'épanouissement naturel de leur esprit, de ce qu'ils ont toujours communiqué avec des gens qui leur étaient supérieurs; au lieu que les aînés, en se remettant au niveau de ces cadets qui étaient leur habituelle société, ont malgré eux ralenti leur marche. tellement que dans le même nombre d'années, il leur a été impossible de faire le même chemin.

Je ne vois que deux moyens d'éviter ce malheur.

Le premier est de tourner les études des écoles primaires vers des objets d'*histoire naturelle* et de *mécanique*: de manière que l'enfant excité aux observations puisse trouver sans cesse, et se plaire toujours davantage, même long-temps après sa sortie de l'école, à chercher, dans la campagne, et dans les travaux dont il est coopérateur ou témoin, une étude et des faits qui tiennent son esprit en haleine, et ne le laissent pas raffaiblir.

Le second serait de charger dans l'école, et hors de l'école, ceux qui grandissent, d'aider, avec quelque autorité, à l'instruction des plus jeunes. Si cela était bien conduit, il y aurait pour les uns et les autres beaucoup de plaisir avec une immense utilité ; car celui qui instruit les autres ne se *rabêtit* point, comme celui qui joue au-dessous de son âge pour divertir un marmot. Au contraire, son esprit est animé, soutenu par le désir de se rendre intelligible. Il veut justifier son grade ; il est forcé de mieux et plus profondément apprendre ce qu'il est bien aise d'enseigner. Or, le véritable but de l'éducation est moins de donner aux enfans des connaissances positives, que de les tenir en *pousse de sève*, travaillant sur eux-mêmes et par eux-mêmes sans cesser jamais de raisonner et d'apprendre. Car alors cette heureuse habitude, étant devenue un caractère de leur existence, ne se perdra plus, et s'augmentera d'elle-même avec la force de leur esprit.

Ce sont les enfans qui ont toujours pensé et avancé, avec lesquels on fait les grands hommes qui ont constamment besoin de penser davantage et d'avancer encore ; qui de trente ans à soixante, quelquefois jusqu'à la mort, font des progrès qui étonnent le monde, et l'éclairent, ce qui vaut beaucoup mieux.

Le chevalier *Pawlet*, qui fut un grand homme de bien, et pour l'éducation un homme de génie, employait avant la révolution *soixante mille livres* de rente à entretenir à Paris, une école de deux cents enfans, qu'il recevait à huit ou neuf ans, et dont l'éducation durait jusqu'à quinze.

On n'y avait de maître que de temps en temps, pour

les élèves les plus forts. Toutes les autres leçons étaient données par ceux-ci, à leurs camarades plus faibles.

Pawlet accordait à la caisse commune, pour chacun des enfans admis dans son école, *douze sols* par jour, six *pences* anglais, sur quoi ils étaient obligés de se nourrir avec une suffisante abondance, et de se vêtir convenablement en uniforme ; de faire tous leurs fraix de chauffage, de luminaire, de papier, de plumes, de crayons, et même ceux de leurs armes, car ils étaient sur le pied militaire : le tout à effectuer par leur propre administration. —Ils s'en acquittaient à merveille, et apprenaient ainsi ce que nul de nous ne savait en entrant dans le monde, à économiser leur argent, à l'employer avec sagesse.

Le chevalier *Pawlet* avait fait toutes les premières avances. Il les avait complettement équipés pour une seule fois : c'était à eux à se maintenir. Il leur avait dit : « Messieurs, le roi, pour moins que je ne vous donne, entretient des hommes de cinq pieds et demi de haut. Si vous ne savez pas vous entretenir avec une somme plus forte, vous n'êtes pas dignes de devenir des hommes. »

Ils s'en montrèrent dignes. Leur discipline était admirable, leur propreté parfaite. Ils nommaient leurs officiers, et leur obéissaient ponctuellement. Les punitions étaient prononcées en conseil, avec une équité parfaite. La plus sévère était la condamnation à l'oisiveté, debout, le nez contre la muraille; les autres étaient, selon les cas, le bonnet de police, ou l'uniforme à l'envers.

Le fondateur-bienfaiteur premier législateur ne s'était réservé que l'inspection et l'exhortation. On lui envoyait tous les soirs les contrôles, avec les bonnes et les mauvaises notes; et on lui rendait un compte tant moral que pécuniaire, toutes les semaines.

Ce fut un bel exemple de ce qu'on peut obtenir de l'enfance, par et pour elle même.

Plusieurs hommes très distingués ont été formés dans cette école. Tous les élèves y apprenaient à lire, à écrire, le dessin, le Français, la morale, les mathématiques applicables à la guerre et aux arts, la géographie; l'ordre, la bonne tenue de ses affaires personnelles, et même des affaires générales de la maison. Ils y acquéraient un noble et sage point d'honneur. Quelques uns joignaient à l'étude du Français, celle du Latin ou de l'Allemand.

Revenons à nos propres écoles.

Quant à l'*histoire* qui, certainement, aurait une grande utilité, et qui ne doit être ignorée par aucun citoyen, je suis embarrassé de la place à lui donner dans notre premier cours.

Elle est si étendue et si attrayante ! Il est si commode d'écouter des faits, que l'on peut conserver dans sa mémoire et raconter à *son tour*, sans avoir besoin de faire aucun effort d'attention, ni de suivre aucun raisonnement, que je crains qu'un arbre si plantureux, dont les branches ont tant de vrilles, et qui se marcotte si bien, n'étouffe tous les autres.

Je désirerais donc que, dans les écoles primaires, l'histoire fût *une récompense* et non pas *une étude;* qu'on en donnât les livres pour prix aux élèves qui se seraient distingués. Cela me paraît suffire, avec l'attrait de la chose, pour en répandre la connaissance sur tous; car celui qui aura gagné le prix voudra jouir de sa couronne et s'en caresser: il saura par cœur le livre qu'il aura mérité; et la pluspart des autres seront curieux de voir cette belle chose que l'on donne comme un trésor aux hommes d'élite. Ils emprunteront les livres de leurs frères et de leurs cousins. La lecture en sera volontaire : elle sera, comme doit l'être celle de l'histoire pour les gens qui ne sont pas destinés au professorat ou au gouvernement, *une récréation;* mais, par cette raison même, l'histoire sera mieux lue et mieux sue. N'arrivant aux jeunes gens que dans un âge un peu au-dessus de la première enfance, et comme prix de leurs autres travaux, elle ne les détournera point de la physique et des mathématiques, dont ils auront appris déjà les parties qu'ils ont absolument besoin de ne pas oublier.

Je voudrais encore que ces livres destinés à servir de prix dans les écoles primaires, et à donner à la totalité de la nation un apperçu de l'histoire, ne fussent pas de véritables et complettes histoires : cela serait trop long. Si nous voulons que le peuple la sache, ne lui en offrons que ce qu'il a le temps de lire et la faculté de retenir. *Tout* serait égal à *rien*. Ne présentons à la jeunesse que deux espèces de livres classiques d'histoire : des abrégés chronologiques très serrés pour donner une idée des temps, des lieux et des principaux personnages; et des recueils bien faits de traits et d'anecdotes : le tronc, les maîtresses branches, puis les fleurs et les fruits. Ne l'égarons point dans les rameaux et le feuillage. Il faut seulement que chaque fait, dans le recueil d'anecdotes, porte en marge un renvoi à l'abrégé chronologique, pour que l'enfant se rappelle de quel pays et de quelle date est l'événement ou l'aventure qui vient de frapper son attention.

LIVRES CLASSIQUES *à faire pour les Ecoles primaires, et Moyens de se les procurer.*

Voyons donc quels livres nous aurons à faire composer, car aucun d'eux n'existe.

Nous avons remarqué qu'il en faut de deux espèces; d'abord pour le cours, ensuite pour les prix.

Le premier livre pour le cours doit être l'*Abécédaire*, qui contiendra la suite des exemples et des leçons que les enfans auront à écrire, à lire, et à transcrire au net, jusqu'à ce qu'ils écrivent et lisent parfaitement.

Il doit commencer par les lettres propres à former des syllabes qui soient ou deviennent aisément de petits mots significatifs, à portée de l'enfant, relatifs à ses idées les plus communes.

Il faut le mettre, le plus promptement qu'il soit possible, dans le cas d'écrire quelque chose qui lui fasse plaisir, et lui montrer l'utilité de savoir tracer ces caractères qu'on appelle des lettres.

Il faut qu'il s'apperçoive qu'il écrit *pour son propre usage*, non pas seulement pour obéir, ou pour plaire à son père ou à son maître. Gardons-nous de la servitude et de l'ennui.

Les mots dont l'enfance a déjà les idées, qui ne sont composés que de peu de syllabes, et n'exigent que peu de lettres, peuvent néanmoins amener successivement toutes les lettres de l'alphabet, et indiquer leur emploi : les moins usitées viendront les dernières.

Cet emploi doit être multiplié, autant qu'on le peut, avec les mots dont l'enfant connaît les lettres, ce qui le familiarise avec elles.

Quand il demande, ou quand on lui propose quelque mot qui nécessite des lettres encore inconnues au jeune écrivain, il faut s'attacher à ceux qui n'en ont besoin que d'une ou deux nouvelles.

A chaque lettre nouvelle, il faut s'arrêter, pour que l'enfant, ou les enfans, apprennent à la bien faire avant de la placer dans le mot.

Il n'a ainsi d'étude un peu laborieuse que pour une lettre à la fois, et il en est payé, sans beaucoup de retard, par le mot qu'il voulait écrire.

Puis on a une pause ou un temps d'exercice amusant, sur les autres mots qu'il comprend, et dans lesquels entre la lettre ou les lettres dont il vient d'acquérir la connaissance.

Cette attention de s'arrêter, pour faire lisiblement une lettre de plus, et pour écrire les mots usuels qui en ont besoin, est surtout indispensable lorsqu'il s'agit des lettres qui s'expriment par deux caractères réunis, comme le *th*, le *sh*, le *gh*, l'*ugh* anglais; et les *ch*, *gn*, *eu*, *oi*, *ou*, *ui*, *an*, *in*, *on*, français.

Ces lettres de deux caractères sont presque les seules difficultés de l'art d'écrire et de lire. Il faut affaiblir ces difficultés, en ne les présentant qu'une à une, au lieu de les accumuler en faisceau, comme dans les abécédaires et les syllabaires employés jusqu'à présent.

Les rédacteurs du nouveau syllabaire doivent beaucoup penser à l'ordre de leurs leçons, pour que l'enfant pense facilement aux idées qu'elles lui offriront, les combine sans effort, les lie ensemble avec clarté.

Quand un chemin solide, et pourtant agréable, l'aura ainsi conduit aux phrases écrites, qui ne seront que l'expression de ses propres pensées, il marchera sur des fleurs, et à grands pas.

La porte sera ouverte pour les discours un peu plus longs, mais de nature à parler toujours à son esprit ou à son cœur.

Après que les enfans en auront bien compris, et plusieurs fois transcrit correctement un certain nombre, les leçons auront à les remettre sur la trace des raisonnemens qu'ils auront faits, et dont à peine ils se seront apperçus. Ils y trouveront les notions les plus simples de la grammaire générale et de la grammaire particulière à la langue de leur pays. Ils auront appris à écrire cette langue (ce que nous savons si imparfaitement et si tard) comme ils ont appris à la parler, par l'usage; mais ils reconnaîtront aussi ce fait très important, que tout usage est fondé en raison, ou au moins sur une raison.

On tâchera enfin, selon l'ordre le plus naturel, avec la clarté la plus aimable, avec tout l'attrait que peut offrir l'union des vérités utiles et des sentimens honnêtes, de déployer tous les principes de la morale, quelques bases de la physique et des mécaniques, une très succincte idée de la cosmologie et de la géographie, un grand nombre de faits d'histoire naturelle.

Et le livre doit être court : car il faut que, dans l'espace de deux ou trois années au plus, les enfans puissent le copier plusieurs fois de leur main.

Il serait bon que la pluspart d'entre eux l'apprissent par cœur.

Il faut qu'il ne les ennuie pas dans l'âge le plus tendre, et qu'à tout âge ils puissent le r'ouvrir et le lire avec plaisir; qu'il ait du charme pour les pères, pour les mères, pour les adolescens, pour toute époque de l'enfance et de la vie.

Le second livre sera celui de *physique* et de *mathématiques.*

Il doit commencer par la *physique*, qui est le grand objet de la curiosité de l'enfance; venir à la *géométrie*, comme au moyen de mesurer les choses physiques, et ensuite à l'*arithmétique*, comme à l'expression des mesures.

L'arithmétique, commencée par la géométrie, ressemble à la lecture commencée par l'écriture : elle ne donne aucune peine, parce qu'on a eu *les choses* mêmes devant les yeux, et qu'on aime mieux se rendre compte, se faire le compte des choses qu'on a vues, que de calculer en l'air, et par abstraction, ou sur la supposition de choses imaginaires qu'on n'a ni vues, ni maniées.

C'est dans le livre de physique et de mathématiques, que doivent se trouver les principes de mécanique, et les notions de physique plus détaillées, dont l'*Abécédaire* ne doit donner qu'un avant-goût très léger.

Ce livre n'est pas aisé à bien faire. Mais l'*Abécédaire* présente encore cent fois plus de difficulté.

Pour les Récompenses ou les Prix.

Nous avons reconnu qu'il faut :

1°. L'Abrégé Chronologique de l'Histoire;

2°. Le Recueil ou les Recueils de Traits et d'Anecdotes.

Le premier ouvrage ne surpasse la force d'aucun homme de bon sens ayant de la précision dans le style.

Pour le second, il suffit d'avoir un goût sûr, de la sensibilité, de la vertu, des principes arrêtés sur la science du gouvernement.

Quant aux deux livres du *Cours*, la chose est bien différente.

Celui de Physique et de Mathématiques, tel qu'il doit être pour des enfans de huit à dix ans, est extrêmement difficile.

La difficulté du plan, et encore plus de la rédaction d'un *Abécédaire*, tel que nous le désirons, destiné à des enfans de six à huit ans au plus, est au-dessus de tout ce que l'on peut imaginer.

Je ne connais encore qu'un seul livre qui ait la grâce, la légèreté, le sens profond, l'art de dissimuler l'art, que ce genre d'ouvrage demande. Il est de FRANKLIN. C'est *la Science du bonhomme Richard*. Il a été imité en France par l'honnête *Mathon de la Cour*, dans *le Testament de Fortuné Ricard* : mais à quelle énorme distance pour le talent ! et combien peu applicable à l'enfance ! Le *Testament* n'a pour objet que de montrer l'utilité de l'économie dans les dépenses, et de la cumulation des intérêts avec les capitaux ; puis d'indiquer les choses utiles que pourrait faire un gouvernement avec quelques milliards.

JEAN-JACQUES a travaillé pour les précepteurs, et pour appliquer à l'éducation cette belle maxime : *laissez faire*. Peut-être l'a-t-il poussée trop loin, ou ses lecteurs l'ont-ils mal entendue ; car, il est arrivé à tous les enfans qu'on a essayé d'élever selon sa méthode, qu'aucun d'eux n'a aimé le travail, dont aucun d'eux n'a eu l'habitude. L'art de se retrouver dans les bois en coupant un arbrisseau, et le bel article des haricots d'Emile sont, dans tout ce livre enchanteur, les deux seules choses dont notre livre *abécédaire* puisse s'enrichir, et qu'il doive transcrire, tandis qu'il peut faire usage du *bonhomme Richard*, presque en totalité.

FÉNÉLON, plein de raison et de charme, est difficile à extraire.

LOCKE n'a pas six phrases à nous donner.

BERQUIN......; peut-on nommer Berquin après Jean-

Jacques, après Fénélon, après Franklin, après Locke? Berquin avait les meilleures intentions, mais les lumières les plus courtes, et l'instrument le plus faible. Il n'a écrit que pour les villes, les grands, les riches, et n'a su leur inspirer qu'un sentiment vague de bienfaisance, qui ne porte guère qu'à *l'aumône*, la plus vile, la moindre partie de la bienfaisance, et souvent aussi nuisible qu'utile.

Madame DE GENLIS, avec beaucoup d'esprit, un style élégant et très correct, un assez grand nombre de connaissances variées, une extrême activité, l'amour de la gloire et de la renommée, la passion du travail, a le malheur de perdre l'effet de ses nombreux écrits: parce que tant de talens l'obligent de sentir elle-même, et ne peuvent l'empêcher de laisser voir aux autres, qu'elle a pris une fausse route, qu'elle se commande *un métier*, qu'elle joue *un rôle*, et que n'ôsant le quitter, elle en force le geste; que ce qu'elle exprime si ingénieusement n'est pas dicté par sa propre pensée; qu'il ne tiendrait qu'à elle d'avoir plus de philosophie, de logique et de raison; et qu'elle a parfois du regret qu'il n'en soit pas ainsi. Voulez-vous me persuader? montrez votre bonne foi plus que votre faconde. Madame *Le Prince de Beaumont* valait mieux.

PLUTARQUE et MONTAIGNE peuvent être mis à grande contribution; ils ont fait ROUSSEAU.

Miss MARIA EDGEWORTH a mille choses excellentes.

Mais l'art d'employer les matériaux, est ici la montagne à dévorer, la mer à boire: les recueillir n'est rien.

Ecrire pour les enfans, se mettre à leur portée, leur être aimable sans devenir trop puéril, et instructif sans les ennuyer; se bien rappeler sa propre jeunesse, demande une sagacité d'esprit, une finesse de logique, une force d'imagination, une justesse de tact, une gaieté de caractère, que DIEU n'accorde pas souvent à ses créatures. La pluspart des hommes qui les auraient, quand il en serait beaucoup, aimeraient mieux les employer à plaire aux mères, et à se faire considérer par les pères, à influer dans leur canton, à obtenir les places du gouvernement, ou tout simplement à faire leurs affaires personnelles, et à se divertir. Chacun croit se devoir à sa famille, c'est-à-dire, à soi-même. La passion de servir les autres familles est extrêmement rare, surtout séparée de celle de leur commander.

Les livres classiques ne seront point faits, si on les abandonne au seul attrait de leur utilité. Je — dirai à ma honte qu'il y a plus de trente ans que j'y songe, et qu'à la demande du grand duc LÉOPOLD, j'ai fait à ce sujet *un programme* pour l'Académie des Géorgiphiles de Florence, avec le ferme dessein de concourir moi-même et de remporter le prix, sans avoir jamais pu m'en occuper de suite, ni, dans les essais que j'ai passagèrement tentés, rien écrire qui m'ait paru supportable.

Comment donc oserai-je conseiller de faire ce que je n'ai pu moi-même exécuter? Ce sera dans ma conscience: elle dit qu'il y a beaucoup d'hommes plus forts que moi.

Il faut, par un mélange de gloire et de profit, réveiller

la capacité ignorée ou endormie, de ce que l'on pourra trouver de plus habiles gens dans les deux hémisphères. Il faut leur montrer qu'ils compteront parmi les grands bienfaiteurs de l'humanité, et (ce qu'il est triste d'avoir besoin de leur dire) qu'ils auront aussi fait un travail qui leur sera pécuniairement utile. Car il y a des gens de mérite qui sont très pauvres, et que la plus honorable entreprise ne pourrait seule déterminer, parce qu'ils sont indispensablement obligés d'employer tout leur temps *ad lucrandum panem et nutriendas proles.*

Il faut payer cher un travail si pénible, si nécessaire, et dont si peu de gens sont capables.

Je proposerais de donner *deux mille dollars* (au moins *dix mille francs*) pour le meilleur livre *abécédaire;*

Et *huit cents dollars* (ou *quatre mille francs*) pour celui qui approcherait le plus du meilleur;

Mille dollars (ou *cinq mille francs*) pour le meilleur livre classique de physique et de mathématiques, propre aux petites écoles;

Et *cinq cents dollars* pour le second;

Cinq cents dollars aussi pour le meilleur Abrégé chronologique d'histoire générale;

Autant pour le meilleur Recueil d'anecdotes et de traits historiques;

Et deux ans pour le *Concours*, qui serait jugé dans les six premiers mois de la troisième année.

Quand on aura ainsi fait produire de bons essais, je proposerais qu'on fît imprimer, tant les mémoires couronnés, que ceux qui, après eux, auraient mérité le plus d'éloges, et que les morceaux les plus frappans, ou les mieux faits de ceux qui auraient ensuite paru les plus dignes d'attention; et qu'on donnât des prix aussi forts que les premiers, et gradués de la même manière, aux auteurs qui, sur chacun des quatre sujets, auraient le mieux combiné ces matériaux importans. Car, j'ai peine à croire qu'il soit possible d'avoir, du premier jet, ceux qui sont à désirer, et je regarde leur perfection comme une chose si essentielle, leur imperfection comme un si dangereux inconvénient, que je voudrais ne rien négliger pour préparer une véritablement bonne nourriture à l'esprit des jeunes gens, qui sont l'espoir de la patrie.

J'imagine qu'avec cette dépense et ces soins, on pourrait espérer d'obtenir en quatre années les ouvrages nécessaires, et une vingtaine d'autres où se trouveraient beaucoup de choses bonnes à recueillir, dont les écoles secondaires ou les colléges pourraient faire un utile usage.

Mais avec la malheureuse connaissance que j'ai du cœur humain, et la trop grande conviction où je suis de l'extrême difficulté de l'entreprise, j'avoue que je ne vois aucun autre moyen de se procurer, pour les écoles primaires, de bons livres classiques. Et sans ces bons livres classiques, destinés et convenables à la première enfance, j'ignore absolument comment on pourrait, en aucun pays, se flatter d'établir une bonne éducation nationale.

Il y a de quoi rire et pleurer en voyant les livres que l'on met partout entre les mains de la jeunesse. Si quelques uns d'entre nous valent quelque chose, et si le gros des hommes est assez bon, la gloire en est à DIEU qui a fait de l'homme un animal pour qui, à tout prendre, la justice a quelque attrait, et à qui les peines d'autrui inspirent de la compassion. Mais nous ne le devons guère à la sagesse de nos parens et de nos professeurs.

Nos aïeux étaient des barbares!

Nous sommes des pauvres, des avares, et des gens d'un faible caractère.

Je ne connais dans le monde aucun gouvernement, dont le zèle ne fût très amorti par l'idée et la proposition de dépenser *dix* à *douze mille dollars* (cinquante à soixante mille francs), pour se procurer quatre petits livres à l'usage des enfans de sept ans.

Voyons si nous pourrons vaincre cette terreur. En affaires publiques, en choses nécessaires, on ne doit rencontrer aucune difficulté dont on ne tire une ressource plus considérable.

Il faut que ce soit le congrès des Etats-Unis qui propose et donne les prix pour les livres classiques qui serviront à tous les Etats.

Lorsque ces livres seront faits, on les imprimera pour le compte de la nation, sous les ordres et l'administration d'un Comité de l'instruction publique, dont nous détaillerons plus bas l'utilité, les fonctions et les droits (1).

(1) Le *Conseil de l'Université* est actuellement en France une institution de la même nature que le *Comité d'instruction publique* proposé aux Etats-Unis.

Tout enfant sera obligé d'en avoir un exemplaire pour aller à l'école. Il s'en débitera donc un million d'exemplaires par année. Le prix sera fixé seulement à *cinq cents* (*cinq sous*) au-dessus des fraix d'impression et de brochage, en parchemin ou carton. Il en résultera donc un revenu de *cinq millions de cents*, ou de *cinquante mille dollars* (*deux cent cinquante mille francs*) par année.

Sur cette recette, dès la première année, on remboursera la dépense des prix à la trésorerie nationale.

Le surplus de la première année, et la totalité des *cinquante mille dollars*, dans les années suivantes, sera partagé entre les seize Etats, en proportion de leurs contributions directes, à l'effet d'être, par chacun d'eux, employé en dépenses pour l'instruction publique.

Ainsi, loin que les livres classiques aient rien coûté, ils seront au nombre des sources de revenu qui faciliteront les autres mesures que peut exiger l'éducation nationale.

Mais avant que les livres classiques soient composés et imprimés, comment fera-t-on? On fera comme on pourra, comme on fait aujourd'hui; peut-être un peu mieux, si le Comité d'instruction n'a pas inutilement posé sur la route quelques bons principes.

Ordre du Travail; Police des Classes; Récompenses des Ecoles primaires.

Le plus embarrassant pour nos écoles primaires était

d'avoir des livres ; nous venons d'y pourvoir et de montrer qu'ils seront eux-mêmes un moyen efficace de pourvoir à beaucoup d'autres choses.

Cependant les livres et les maîtres ne suffisent pas ; il doit y avoir quelque règle pour l'ordre de l'instruction.

Le cours de l'école primaire doit durer trois années ; et peut être prolongé, renforcé, selon la capacité du maître, par de plus grands développemens pour les élèves que leurs parens ne veulent ou ne peuvent pas envoyer à l'école secondaire, et auxquels ils désirent, *en payant*, faire donner des leçons au delà du terme des trois années qu'exige le cours général.

Mais pour celui-ci même il doit y avoir tous les ans un tiers des écoliers qui n'ont à recevoir que les premiers élémens. Un autre tiers comprend ceux qui, plus avancés, écrivent déjà, lisent avec facilité, et emploient l'un et l'autre moyens pour acquérir un savoir réel, surtout pour s'approprier des idées morales. Un dernier tiers recevra les instructions de physique et de mathématiques, ou la portion la plus relevée du cours des écoles primaires.

Cela fait trois classes très distinctes.

Et il n'y a, il ne peut y avoir qu'un maître.

Et il faut que l'heure de l'étude soit la même, pour que les petits enfans puissent être menés à l'école par ceux dont l'âge est moins tendre.

Il en résulte une difficulté à laquelle il faut avoir pourvu d'avance. Car, s'il fallait, pendant une partie de la leçon, retenir des enfans très formés et très avides d'apprendre, stationnaires à écouter de petits bambins qui traceraient et assembleraient des lettres pour en former de petits mots : ce serait tomber dans l'inconvénient qui fait que la pluspart des fils aînés n'ont pas tout l'esprit dont la nature les avait rendus susceptibles. Et chaque petite classe devenant la grande à son tour, toute l'école, puis successivement toute la nation, aurait une époque rétrograde à l'âge où les progrès sont le plus nécessaires; nul n'y prendrait tout l'essor que sa constitution physique et morale semblait lui promettre.

Si les petits étaient pareillement obligés, leur leçon prise, d'écouter celle des grands, à laquelle ils ne comprendraient rien ou que très peu de chose, ils feraient du bruit, ou bien l'asservissement de l'immobilité et du silence leur ferait prendre en détestation l'école et tout ce qu'on y ferait. Ce serait une maladresse qui gâterait tout.

Enfin, si l'on envoyait les uns jouer dehors pendant que les autres seraient en classe (indépendamment de ce que cela n'empêcherait pas les trois leçons successives de consumer le triple du temps que des enfans, dont la pluspart viennent de loin, et doivent retourner chez eux, peuvent avoir à donner) la vive distraction occasionnée par le jeu du dehors, pourrait faire que l'on n'apportât dans la classe qu'une attention très faible.

Evitons ce double écueil.

Pour les enfans, nous ne pouvons trop ménager les difficultés. — C'est à nous autres hommes, instituteurs, fondateurs, législateurs, administrateurs, à les envisager dans tous leurs détails ; à les peser, à les vaincre, à n'en rencontrer aucune dont nous ne fassions jaillir un plus grand avantage. Celle que nous venons de reconnaître, nous servira de moyen pour ne pas affaiblir ni retarder un seul de nos élèves, et pour distinguer, pour former mieux et plus vite ceux que leur âme, leur talent, leur caractère destinent aux plus grands succès.

Il faut qu'il y ait dans l'école trois pièces différentes pour tenir les trois classes séparées, quoique simultanément, afin que chacune d'elles puisse avoir, sans distraction, tout le développement de son étude, et qu'il n'y ait ni temps perdu, ni force progressive sans emploi.

Le maître, sans doute, ne peut pas être à la fois dans les trois classes ; mais il n'y est pas nécessaire à tous les momens : il suffit qu'il puisse passer et revenir de l'une à l'autre quand il le juge convenable, et que le travail ne soit point interrompu, ni le bon ordre suspendu en son absence.

Que faut-il pour cela ? — Un suppléant chef d'étude.

Où le prendre ? — Dans la classe même.

Et qui ? — Le plus sage, le plus ferme, le plus avancé des écoliers.

Dès les premiers jours, le maître peut confier à celui qu'il juge le plus raisonnable, l'autorité de maintenir le silence pendant que chacun fera son petit devoir.

Mais bientôt l'esprit, le sens, l'aptitude se font remarquer : celui qui devancera les autres sera reconnu même de ses condisciples, et pourra dès lors influer sur leur instruction.

Il faudra bien que, pour le premier mois, ce soit le maître qui ait nommé les chefs d'étude.

S'il continuait de le faire quand l'opinion sera formée, il exciterait la jalousie contre ces enfans toujours choisis. Ne donnons pas si tôt cette triste récompense au mérite. — Permettons à chacun des émules, et même des inférieurs, d'avoir part à l'honneur de conférer une telle élévation. — Qu'à la fin de chaque mois un scrutin établisse le chef d'étude pour le mois suivant; et que, dans ce scrutin, le maître ne réserve à sa voix que le poids de trois autres.

Ne conservons du résultat de notre scrutin que le nom des neuf écoliers qui, après le chef d'étude, auront eu le plus de suffrages; et qu'ils aient au-dessous de lui les neuf premières places, selon l'ordre que leur auront donné les voix. — Que le reste demeure confondu dans une apparente et consolante égalité. Que nos classes aient des premiers, point de derniers ni d'avant-derniers. Décernons de la gloire sans distribuer de la honte. Ne décourageons pas les tardifs, qui ont quelquefois un fonds plus réel de capacité que les précoces. N'imitons point les pédans qui, si l'on pouvait leur donner à élever ensemble Galilée, Descartes, Newton, Malebranche, Locke, Bayle, Pascal, Montesquieu, Leibnitz, Linné, Franklin, Jean-Jacques et Voltaire, voudraient absolument mettre en pénitence un de ces gens-là, et lui faire porter des oreilles d'âne.

Il est bon de donner aux enfans qui montrent des dispositions heureuses, l'ambition et l'habitude d'une petite magistrature ou de quelque distinction honorable.

Il est plus utile encore de leur faire goûter à tous le plaisir d'exercer un *droit de cité*, de désigner *en leur âme et conscience* le plus digne et le meilleur. Ceux qui ne seront point parvenus aux premiers rangs ne désespèreront pas d'y arriver un jour, et s'estimeront pour avoir fait de bons choix. Le principe de soumission sera plus fort et plus noble quand on aura nommé soi-même l'officier qui commandera. — Ces enfans en serviront mieux l'Etat, dans la suite, parce qu'ayant de bonne heure exercé quelque autorité, ils comprendront combien il importe qu'elle soit en tout temps respectée.

Tout être raisonnable, l'enfant l'est un peu, qui voit compter sa voix pour quelque chose, se sent une sorte de dignité, la chérit et la garde; il a envie de montrer qu'il est en effet *quelque chose*. Et puis celui qui est nommé par ses concurrens, par ses pairs, ne saurait passer pour *un favori* du maître: il a plus de véritable autorité; il fait élever moins de murmures; le maître conserve mieux son caractère de justice égale, d'impartiale paternité.

J'aime autant former l'âme et les sentimens que l'esprit. Mais, par eux, on rend l'esprit juste, la vertu pure et sévère.

Consulter les enfans dans les choses dont ils peuvent

être juges, me paraît un si bon moyen de former leurs opinions, de les accoutumer à s'en rendre compte à eux-mêmes et à les raisonner, de leur donner du caractère, et de fortifier leur probité naturelle, que je n'hésiterais point à leur accorder suffrage, même pour la distribution des prix.

Dans les concours de la plus faible classe, je donnerais *une* voix à chacun de ses membres; *deux* à ceux de la classe moyenne; *trois* aux élèves de la classe supérieure; *six* au professeur, *neuf* à chaque inspecteur des écoles qui prendrait part au jugement. — Pour les prix de la classe moyenne, *une* voix à chacun de ses écoliers; *deux* à ceux de la classe supérieure, *cinq* au professeur: *huit* aux inspecteurs. — Et pour la plus forte classe, *une* voix toujours à chacun des concurrens, *quatre* au maître, aux inspecteurs *sept*.

Croyez que les prix seraient très bien donnés. Voyez la gravité de ces *petits bons-hommes* portant leur billet à l'urne, et leur attention lors du dépouillement du scrutin; et la ferveur des nouveaux juges qui les tiendrait tous; et la honte qui tomberait sur les brigues, s'il était possible qu'on en tentât; et l'incorruptibilité, qui deviendrait une vertu exaltée dès l'enfance, partant une vertu à jamais durable; et l'honneur encourageant pour ceux qui approcheraient du vainqueur. J'aurais, à cet âge, préféré les troisièmes voix d'un tel concours au prix lui-même donné seulement par les maîtres sans la participation des élèves. Je me souviens qu'une des plus douces jouissances de ma jeunesse a été une députation de mes camarades m'apportant, en leur nom et par leur souscription volontaire, *un cent de pommes*, comme témoignage de leur satisfaction pour la manière dont j'avais eu le bonheur de soutenir un exercice public. J'avais douze ans alors : j'ignore moi-même à quel point ce petit événement a contribué depuis à diriger ma conduite ; mais je sais qu'il a influé sur le cours entier de ma vie.

Du Nombre des Ecoles primaires.

On me demandera combien il faut d'écoles primaires, et quels en seront les fraix ?

Il en faut autant qu'il se présentera de bons maîtres pour les tenir, qui se contenteront de la rétribution que les familles environnantes voudront bien donner tous les mois pour chacun de leurs enfans ; et qui, moyennant cette rétribution, s'engageront à tenir trois classes dans la même maison, et se soumettront à enseigner avec les livres classiques autorisés par le gouvernement de l'Etat. — Les familles sont assez riches en Amérique, et sentent assez le prix de l'instruction, pour qu'il ne soit pas nécessaire d'y donner un plus fort traitement aux professeurs des petites écoles.

FIN DE LA PREMIÈRE PARTIE.

SECONDE PARTIE.

DES ÉCOLES SECONDAIRES OU COLLÉGES.

Des COLLÉGES *en général. Comment seront choisis les enfans que l'Etat y entretiendra aux fraix publics. Combien ils auront de professeurs. Quelles langues et quelles sciences on y enseignera.*

Nous avons vu jusqu'où il est indispensable de conduire, dans la carrière des sciences, les citoyens qui resteront uniquement voués aux travaux de la culture, du commerce et des arts mécaniques ; et quelle éducation la société doit vouloir que reçoivent tous ses membres. C'est pour les écoles primaires seulement qu'elle a le droit et le devoir de fixer quels seront les livres classiques.

L'esprit national qu'ils auront établi, le ton fondamental qu'ils auront donné à l'instruction, suffiront pour que les professeurs des écoles plus relevées n'ôsent pas se permettre dans le choix de leurs livres d'enseignement, ou dans la rédaction de leurs cahiers, une dissonance avec les premiers élémens qui choquerait les pères, les enfans, les magistrats, l'opinion publique.

Les *écoles secondaires* sont destinées à ceux qui désirent

embrasser des professions lettrées, et à ceux qui, jouissant d'une assez grande aisance, veulent se préparer dans la littérature, une occupation agréable et de tous les temps. Elles ont aussi pour objet d'essayer les esprits qui seront capables de percer dans les plus hautes sciences.

Leurs professeurs doivent être plus distingués que de simples maîtres d'école de *Hundred*, ou de canton; il est moins nécessaire de guider leur marche; et le succès de chacun d'eux devant dépendre principalement de leur mérite personnel, il faut leur laisser la liberté de le déployer par les méthodes qu'ils jugeront le plus convenables. Il en résultera entre les différens colléges un concours qui tournera au perfectionnement général des méthodes et au profit de l'enseignement.

Les circonstances feront décider s'il faut établir un collége par comté, ou pour deux comtés, ou même pour trois. Cela doit beaucoup dépendre de la population et des richesses, un peu de la situation topographique.

Il y a des cas où, pour favoriser l'instruction dans des comtés pauvres, à qui leur pauvreté même ne rendrait l'instruction que plus nécessaire, la législature peut trouver utile de faire contribuer l'Etat entier à l'entretien d'un collége local, et de ne laisser qu'une partie de sa dépense aux frais du comté, ou des comtés auxquels il serait plus particulièrement destiné. Il y en a d'autres où elle peut croire que la dépense du collége doit être absolument locale.

Ce sont là des affaires d'Etat qui ne nous regardent

point : la nôtre est d'examiner quelle doit être l'organisation des colléges, et jusqu'où s'étendra leur utilité.

Leur première utilité sera d'instruire et d'élever pendant quelques années, aux fraix de la nation, un certain nombre d'enfans doués de dispositions heureuses pour les sciences ou pour les lettres, et dont les parens ne pourraient les soutenir par des études coûteuses, dans une carrière qui ne devient lucrative que fort tard.

Les sciences sont les clefs du trésor de la nature. Il faut préparer des mains qui soient propres à les mettre en usage. Telle journée d'un homme éclairé qui a du génie, est plus utile au monde que le travail de cent mille hommes pendant un an. Mais le génie est rare; il faut donc craindre de l'ensevelir. Dès qu'on en voit briller chez un enfant quelque vive étincelle, il faut choyer cet enfant, et se bien garder de lui refuser les secours par lesquels il pourra devenir un flambeau pour l'univers.

Si sa famille peut les lui donner, il faut y exciter cette famille, en distinguant l'enfant par des encouragemens et des honneurs proportionnés à son âge et aux espérances qu'il fait concevoir.

Et si la famille particulière ne le peut pas, il faut que la famille générale, que la patrie adopte l'enfant, plutôt que de laisser périr le grand homme dont il paraît être le germe.

Le comité chargé de présenter des projets pour la révision des loix en Virginie, a proposé de choisir tous les ans vingt élèves qui seraient ainsi adoptés par l'Etat. C'est une vue infiniment sage : selon ce que paraissent indiquer les tableaux de population de ce pays, c'est à peu près un sur mille des enfans qui chaque année termineront leur cours des écoles primaires. Cette proportion ne me semble pas trop forte, par rapport au nombre d'hommes d'un esprit distingué que la nature produit. Mais je crains qu'en voyant que le cours des colléges devra durer sept années, et celui des écoles supérieures cinq, on ne soit un peu effrayé de la quantité des élèves de l'Etat augmentée de vingt par année pendant cet espace de temps. Je suppose que le fond du projet sera converti en loi ; et soit qu'on l'applique à un enfant sur mille, ou un sur deux mille, ce que je croirais suffisant, je hasarderai quelques idées relativement à la manière de l'exécuter.

Je ne voudrais point que la loi confiât aux inspecteurs des écoles, le pouvoir de choisir entre mille ou deux mille enfans de toute espèce, studieux ou paresseux, habiles ou médiocres, celui des indigens qui leur paraîtrait le plus digne d'être envoyé à l'école secondaire aux frais de l'Etat : cela deviendrait trop arbitraire. Je demanderais qu'ils fussent seulement chargés de déterminer, entre ceux à qui le suffrage de leurs compagnons aura concouru à faire donner les premiers prix, l'enfant qui, sur les écoles primaires, dont la réunion embrassera mille ou deux mille élèves, se sera montré le plus éminent en talens, en vertus, en dispositions heureuses, et cela sans aucun égard à la présence ou à l'absence de la fortune.

Et quand il arriverait que ce *chiliarque* ou ce *dischiliarque*, ce premier de mille ou de deux mille élèves, ne serait pas dans le cas de ceux qui peuvent avoir besoin d'être entretenus par le gouvernement, ce serait à lui que je remettrais le droit de choisir entre les autres élèves du même arrondissement qui auraient remporté des premiers prix, et qui pourraient désirer la pension de l'Etat, celui qui, à sa place, devrait jouir de l'instruction gratuite à l'école secondaire.

La plus grande gloire irait donc au plus digne. La fortune, qui ne doit pas y donner de prétention, ne doit pas non plus en exclure.

Le bienfait resterait à un de ceux qui auraient droit de le réclamer entre les dignes.

L'espoir, ou d'obtenir par un ami ce qu'on n'aurait pas eu directement soi-même, ou de pouvoir donner à un compagnon une preuve d'estime utile et brillante, établirait entre les enfans qui auraient remporté des prix, c'est-à-dire entre l'élite de la jeunesse, des liaisons vertueuses et profondes qui contribueraient beaucoup au bonheur de leur vie, et dont la société politique elle-même recueillerait le fruit; car les amis dignes de l'être se perfectionnent mutuellement. Ce sont des instructeurs dont la leçon est douce, et des rivaux qui ne s'en aiment que mieux pour courir de front. Il faut tâcher de semer entre eux l'amitié, pour que la jalousie n'y prenne pas naissance sous le nom spécieux d'émulation.

Il est vraisemblable que les parens du *chiliarque* l'enverraient avec son ami à l'école secondaire. Oreste et Pylade, Damon et Pythias ne seront point séparés. Vous les trouverez par la suite à côté l'un de l'autre, s'entr'aidant pour bien faire, ou dans les rangs de l'armée, ou sur les bancs des membres de la chambre des représentans, ou dans les fauteuils du sénat, ou autour du bureau de la société philosophique.

Et ne sentons-nous pas combien nos enfans en vaudront mieux en raison de ce que, au lieu de les renfermer dans les amusemens frivoles de leur âge, nous leur aurons offert l'occasion, nous les aurons mis dans la nécessité d'éprouver des affections, de prononcer des jugemens, de déployer des vertus d'hommes faits. Nos livres les instruiront comme ils pourront; il faut que nos institutions les forment.

Sur le pied de vingt élèves pris à la charge de l'Etat par année, le cours de l'école secondaire étant de sept ans, il y en aura cent quarante perpétuellement entretenus; et sept par collége, si l'on établit vingt colléges; quatorze par collége, si c'est à dix colléges que l'on se borne pour l'Etat de Virginie.

Je préférerais ce dernier parti, parce que l'instruction générale et fondamentale étant assurée par la bonté des écoles primaires et de leurs livres classiques, il me semble que, pour l'instruction littéraire et scientifique, la *qualité* est préférable à la *quantité*, et que soixante professeurs sont plus aisés à trouver que cent vingt : d'autant plus aisés qu'étant en moindre nombre, ils pourront être et seront mieux payés; d'où suit qu'il y aura plus d'hommes de mérite disposés à se consacrer au *professorat*.

J'espère qu'en combinant assez bien la constitution de nos classes, nous pourrons parvenir avec six professeurs à donner à nos élèves, en sept années, les principes et assez d'usage de quatre langues étrangères et de sept ordres de connaissances qui embrasseront un nombre de sciences plus considérable.

Les quatre langues seraient la *grecque*, la *latine*, la *française* et l'*allemande*.

On ne pourra en étudier les grammaires sans devenir beaucoup plus fort sur la grammaire nationale déjà enseignée dans l'école primaire, et sans comparer leur littérature avec la littérature anglaise (1).

Et pour que l'étude des langues soit moins sèche, pour que le jugement de nos élèves soit autant formé que leur mémoire, pour qu'une langue nouvelle ne leur

---

(1) Cet ouvrage a été fait pour un peuple dont l'anglais est la langue natale. Si quelques-unes de ses idées pouvaient être adoptées pour les colléges de France, je proposerais d'y donner à la langue anglaise, la place destinée à la française dans les colléges des Etats-Unis. Je ne crois pas nécessaire chez l'une ou chez l'autre nation, d'enseigner, *dans les colléges*, l'italien ni l'espagnol, qui, n'étant que des *patois du latin*, sont facilement lus et entendus par tous ceux à qui la langue latine est familière.

présente pas une stérile concordance de mots diversement articulés, mais qu'elle leur apporte en même temps une nouvelle richesse d'idées, nous chargerons chacun de nos professeurs de langues, de donner dans la langue qu'il aura enseignée, et à mesure qu'il l'enseignera, quelque science réelle à ses écoliers.

C'est la faute des institutions ou des instituteurs quand, après avoir appris une langue, on n'est pas plus instruit qu'auparavant sur aucune chose. Il n'en coûte pas la moindre peine de plus, quand on commence à parler ou à écrire une langue, de s'y familiariser en l'employant à une étude.

Je crois que le même professeur peut enseigner le grec et le latin. Je désirerais qu'il le fît en deux cours, chacun d'une année, et que le premier des deux fût celui de la langue grecque. Elle s'apprend bien plus aisément que la latine, surtout lorsque c'est par le grec que l'on commence. Elle conduit à la latine naturellement, parce qu'elle en est mère en partie; tandis que le latin au contraire fait un grand obstacle à l'étude du grec, et la recule sensiblement dans nos colléges d'Europe. Leur génie n'est point le même. Le latin est dur, sévère, nasal, assez borné, et invinciblement borné. Le grec est doux, riche, plein d'harmonie, propre, par ses heureuses compositions de mots, à exprimer toutes les pensées et à parler de toutes les sciences nées et à naître. Les jeunes gens dont le grec sera la première langue qu'ils aient apprise depuis celle de leur nourrice, sauront toujours plus profondément les principes de la grammaire générale; et soit qu'ils doivent être un jour hommes d'Etat, philosophes ou poëtes, ils auront plus d'abondance, de nombre, de rythme et d'élégance dans le style. *Cicéron* convenait que le grec, qu'il savait parfaitement, lui avait beaucoup servi à devenir le premier des orateurs de Rome. *Graiis, dedit ore rotundo musa loqui*, dit Horace.

Quand on n'a pas appris le grec, et le grec avant tout, les mots scientifiques de toutes les études physiques, médicales, mathématiques, et même métaphysiques, de rhétorique et de grammaire, sont autant d'énigmes en quatre ou cinq syllabes, qu'on ne retient qu'avec beaucoup de peine. Avec le grec, on voit que ces mots sont des définitions; on comprend ce qu'on dit et ce qu'on lit; les progrès sont bien plus rapides.

Ayant à mettre ses élèves à portée de lire avec fruit et de juger avec intelligence tous les bons auteurs de l'antiquité, le *professeur de grec et de latin* sera naturellement, et pour peu qu'il ait de goût, un *professeur de littérature*.

Je demanderai que le professeur de français soit tenu, après avoir montré à ses élèves les principes de cette langue, de leur en faire appliquer l'exercice à l'étude de la morale, et devienne ainsi *professeur de morale*. Cela ne lui sera pas difficile, puisqu'on a déjà l'habitude assez sage de donner aux Anglais *Télémaque*, comme le premier ouvrage français sur lequel on les fait travailler;

et qu'il n'est aucune langue où les auteurs de morale se soient plus attachés à orner par les charmes de la diction, les vérités essentielles qu'ils avaient à exprimer. En faisant remarquer combien Jean-Jacques et d'autres ont été alternativement aimables et sublimes lorsqu'ils ont peint les devoirs des hommes, et le bonheur qu'on goûte à les remplir, le professeur ne laissera point échapper l'occasion de ramener avec art ses disciples au livre classique qui aura fait leurs délices dans les écoles primaires, et d'exciter leur patriotique reconnaissance pour le gouvernement, qui, dès leur plus jeune âge, leur aura donné cette première règle de vertu, dont les études de toute leur vie ne pourront être que le commentaire.

Le *professeur d'allemand*, qui n'aura pas manqué de faire observer, à l'honneur de sa langue, qu'elle se rapproche du grec par la philosophie grammaticale, autant qu'elle s'en éloigne par les intonations, emploiera cet idiome riche et rude à enseigner la *logique*, l'analyse des sensations, la science de l'entendement humain; il sera *professeur d'idéologie*. Il a sur cette science plusieurs écrivains germaniques ou suisses estimables, un peu lourds; et, en les comparant avec *Locke*, il balancera les beautés et les défauts des deux langues, dont les racines sont communes, dont l'allemande est plus régulière, et l'anglaise, comme plus barbare, est aussi plus pittoresque et plus énergique. Il sera dans le cas de demander à ses élèves, ou de faire pour eux, en allemand, des extraits de *Locke*, qui a besoin d'être extrait, parce que, répondant aux préjugés qui règnaient avant lui, il développe trop des idées claires (1). On apprendra la langue, et l'on se fortifiera la raison.

Le quatrième professeur, attaché à la cinquième classe, montrera, dans la langue du pays, la *géométrie*, jusques et comprises les sections coniques; l'*algèbre* comme instrument et langage de la géométrie; les *sciences physico-mathématiques*, telles que les mécaniques, l'hydraulique, l'optique; les premiers élémens de l'architecture civile et militaire, la navigation, et incidemment ce qu'il faut de dessin et de lavis pour les cartes, les plans et l'architecture. Peut-être même ne lui serait-il pas impossible d'y joindre, au moins à titre de récréation, quelques élémens du dessin de la figure de l'homme et des animaux, d'après des ouvrages élémentaires et gravés qui existent en Europe et indiquent géométriquement les justes proportions de la belle nature.

La sixième classe, tenue par le cinquième professeur, aurait pour objet la *chimie*, la *physique* et l'*histoire naturelle*, en ne donnant néanmoins sur la zoologie et la botanique que des principes généraux. Le professeur n'en réussira que mieux en liant dans sa théorie et faisant

---

(1) S'il s'agissait d'un collége français, le professeur d'allemand trouverait dans la langue de ses écoliers, une multitude d'ouvrages faits par de dignes élèves de Locke, le profond Condillac, Cabanis, Tracy, Gérando, Maine-Biran, La Romiguière. Il ne serait embarrassé que de ses richesses.

observer dans ses développemens, les rapports intimes et philosophiques des diverses sciences naturelles qui ne sont que des branches d'une même science.

Enfin, dans la septième classe, destinée aux élèves qui ont passé par les six autres, et confiée au sixième professeur, on enseignerait :

Le *droit naturel*, dont les principes, déjà posés dans le livre classique des écoles primaires, auront été rappelés dans la classe de morale, et qui, réduit à ce qu'il est réellement, ne forme qu'une science de peu d'étendue ;

Les principes de l'*économie politique*, qui ne sont qu'une dérivation du droit naturel, et ne demandent pas non plus un temps, ni un effort d'esprit considérables pour être parfaitement compris ;

L'*histoire* dont la suite et les détails sont la démonstration de la sagesse des loix émanées du droit naturel, et des saines maximes de l'économie politique ;

La *géographie* relative à l'histoire ;

Et, pour couronner le tout, le *droit national*, par lequel j'entends ce qui concerne la constitution, et nullement la science des *lawyers* (ou des avocats) qui, dans son état actuel me paraît à réformer *en Amérique*, avec et par la législation, et non point à faire branche d'une éducation raisonnable.

Nous avons établi six professeurs dans notre école secondaire, ou notre *collége*. Il n'y en a pas davantage dans le *grand collége* de Guillaume et Marie, à Williamsburg ; et je ne vois pas comment on pourrait en avoir moins, ni laquelle des études dont nous venons de parler devrait être retranchée.

Il me paraît même que les professeurs des six ou sept classes et des dix enseignemens qu'on aura établis, ne suffiront pas, surtout si le collége a des enfans en pension : ce qui est nécessaire au moins pour ceux qui seront entretenus par l'Etat, utile pour contribuer à leurs moyens de subsistance, et avantageux pour la bonne discipline entre les écoliers. Car le désordre, dans les maisons d'éducation, vient toujours par les externes qui apportent du dehors les mauvaises habitudes et l'insubordination.

Mais si le collége reçoit des pensionnaires, et s'il a le succès que nous en espérons; si un grand nombre de citoyens y envoient leurs enfans, il faudra un *Principal* qui ait l'administration économique de la maison, qui exerce une prédominance générale sur les professeurs comme sur les élèves, et sur les divers serviteurs qui seront nécessaires : *Principal* surtout qui puisse prendre, pour les écoliers de toutes les classes et de tous les âges, un sentiment paternel, les regarder et les traiter tous comme ses enfans, écouter leurs plaintes, appaiser leurs querelles, consoler leurs chagrins, relever leur courage, s'occuper de leurs besoins et de leur bonheur autant et plus que de leur instruction.

Il ne serait pas absolument impossible que ce Principal fût un des professeurs; mais il vaut infiniment mieux que ce soit un homme éclairé sur toutes les sciences, toutes les langues, toutes les littératures qu'on enseignera dans le collége; un *pentathle* autant et plus instruit dans chaque partie que le professeur même, qui puisse être à toutes d'un bon conseil, et qui ne soit assujetti à aucune.

Le *Président* des Etats-Unis doit avoir des ministres et les guider tous : il ne doit exercer aucun ministère. Il faudra de plus, dans un rang inférieur à celui des professeurs, ce qu'on appelle en Europe des *maîtres de quartier*, c'est-à-dire au moins un couple d'*adjoints à professeur*, destinés en général, cependant sans droit positif, à remplir les places qui deviendraient vacantes, et toujours chargés de suppléer les professeurs qui tomberaient malades ; de *sur-inspecter* le travail qui se fait hors des classes, de veiller au bon ordre pendant les récréations, à celui qui doit être maintenu dans les dortoirs la nuit, à toute la conduite des élèves hors de classe.

Ces derniers points ne sont pas de ceux qui peuvent être confiés à la vigilance d'un élève élu ; car les qualités qui peuvent y rendre propre ne sont pas extérieures et évidentes comme la capacité dans le travail. — L'inspection doit porter sur un exercice de liberté si particulière et si chère à chacun, que la révolte contre un *égal* qui s'en mêlerait serait fort à craindre. Et il s'agit d'objets où les passions naissantes, et devenant plus impérieuses chaque jour, pourraient égarer le jeune magistrat. — On tirera meilleur service pour une fonction publique, de l'enfant de dix ans que de celui de seize, à moins que cette fonction ne porte uniquement sur l'étude.

Cependant cette surveillance de tous les momens est indispensable. Les familles naturelles qui n'excèdent pas dix à douze enfans ont deux inspecteurs, le père et la mère à qui les plus puissans et les plus doux sentimens de la nature recommandent la vigilance. Un collége, qui est une famille artificielle de cent enfans et plus, ne saurait s'en passer.

Il est difficile de charger les professeurs en titre de ces fonctions si nécessaires, quoiqu'il n'y en ait pas un qui ne doive y coopérer quand il s'y trouve appellé par quelque circonstance qui se présente à ses yeux. — Mais dans l'état habituel, ils ont assez à faire de préparer leurs leçons, de les plier au caractère et aux dispositions qu'ils reconnaissent dans leurs élèves, et de les proportionner dans la même journée, aux différentes forces des écoliers plus ou moins avancés. — Il faut, après l'heure de la leçon, que le professeur ait le temps de songer aux suivantes, et même celui de méditer pour classer ses propres idées, se perfectionner lui-même, jouir un peu de cette douceur de la solitude, demi paresseuse, demi-laborieuse, que tout homme de lettres a eu pour but lorsqu'il s'est consacré à leur étude. Un professeur doit être un homme de lettres distingué qui, occupé de l'éducation, et en ayant sans cesse l'expérience sous les yeux, s'applique à voir en quoi pèchent les méthodes d'enseignement, quels sont les livres classiques nécessaires, et quelle serait la meilleure forme à leur donner.

Si nos professeurs étaient et devaient être des *hommes*

de journée, ayant sans cesse leurs écoliers sur les bras, ils ne pourraient faire aucun de ces travaux, qui deviendront néanmoins si utiles à leurs écoliers mêmes, et à l'instruction en général. Les gens dignes qu'on les fasse professeurs ne le voudraient point être, ou s'ils le devenaient, le dégoût, la fatigue et l'ennui leur en ôteraient bientôt la capacité.

Le *principal*, sans classe à tenir, avec autorité générale et entièrement libre de la disposition de son temps;

Des professeurs qui n'aient à penser qu'à l'instruction de leur classe;

Et des *maîtres de quartier*, ou *adjoints à professeur*, pour être habituellement auprès des écoliers pendant les récréations, et pour suppléer, en cas de besoin, les professeurs eux-mêmes, me paraissent des institutions également nécessaires.

J'ignore s'il y a, ou non, rien de semblable au collége de Guillaume et Marie; mais si cela y manque, j'oserai assurer que, dans le collége de Guillaume et Marie, quelque chose ne va pas aussi bien que le voudraient les philosophes, les savans et les hommes d'Etat.

Même en donnant aux professeurs, pour les soulager hors de la classe, deux adjoints, il y aura encore assez de difficulté à faire conduire, par notre petit nombre de professeurs, la quantité d'études dont nous avons reconnu l'indispensable utilité, et dans chacune desquelles se trouveront des écoliers, au moins de deux forces différentes.

Six professeurs, sept classes, dix cours, une vingtaine de sciences, et plus de quarante manières d'étudier, qui aillent de progrès en progrès, sans confusion, sans interruption, sans ralentissement ; ce n'est point une petite affaire !

Et c'est à nous à prévoir, à calculer, à régler comment la chose pourra marcher ; car ce n'est pas le tout de dire : On fera tel ou tel établissement, on enseignera telle ou telle science. Il ne suffit point d'avoir assemblé des élémens, surtout des élémens mêlés de paresse, d'ambition, de prétention et d'amour propre, et de leur dire : *Débrouillez-vous, cahos.* Nul cahos ne se débrouille de lui-même. Si nous n'avions pas songé à tous les embarras de l'exécution ; si nous n'avions pas dans la tête et même sur le papier, tous les détails de l'organisation, nous n'aurions rien fait. Un général qui ordonne une marche en plusieurs colonnes, doit avoir compté les pas de chacun de ses corps ; savoir à quelle heure son infanterie, sa cavalerie, ses dragons, ses éclaireurs, son artillerie, ses vivres, ses bagages, seront chacun à tel point ; comment ils y stationneront ; comment ils en déboucheront, et combien il faut de temps à chacun, selon la nature de sa marche et les obstacles de la route. S'il en oublie la moindre chose, c'est un général battu.

Nous allons donc essayer d'indiquer quel sera l'ordre des études et l'emploi journalier du temps dans notre collége.

Nous en présenterons le tableau tel qu'il nous paraît devoir être dans son état de pleine activité. C'est le but qu'il faut avoir en vue dès le départ.

Nous remarquerons ensuite quelle peut être la route graduelle pour y parvenir.

Mais, avant d'entrer dans ces détails, nous avons deux observations à faire.

La première portera sur la nécessité de prendre des mesures pour que, dans la variété des études qui doivent employer sept années, l'application aux derniers cours ne fasse pas oublier les premiers. Cela n'arrivait point dans nos anciens colléges, parce qu'on y mettait cinq années à ne suivre qu'un cours de latin assez bon, et un de grec très imparfait; puis une année de rhétorique qui n'était qu'une prolongation de ces deux cours, et une ou deux de philosophie qui, en France, du moins, n'était rien du tout.

Dans notre plan, au contraire, nous voulons des connaissances réelles, et nous en voulons beaucoup. Il nous faut donc nécessairement une distribution de travail telle que, à la fin de nos études, le premier cours et tous les autres soient aussi présens à la mémoire que le dernier.

Notre seconde observation aura pour objet de prévenir qu'en instituant les *maîtres de quartier* ou adjoints à professeur, nous n'avons nullement entendu priver nos jeunes gens du plaisir dont ils auront essayé, dans l'école primaire, de choisir eux-mêmes le meilleur d'entre eux.

Chaque classe du collége, comme de l'école primaire, contribuera à décerner les prix, et tous les mois, chacune s'élira un chef. Pour chaque élection, chaque élève aura une voix, le maître de quartier deux, et le professeur trois.

L'élève *chef de classes*, qui ne le sera que pour l'étude, dirigera, pendant le mois, tous les travaux qui se feront en l'absence du professeur; mais il sera lui-même sous l'inspection du maître de quartier.

Et, ces points convenus, nous allons donner le tableau du travail de nos classes. (*Voyez le tableau placé en regard.*)

Nous n'avons fait entrer dans ce tableau que les travaux qui auront lieu à l'heure des classes. Il n'a eu pour objet que de montrer comment les professeurs et le temps pourront suffire; comment les diverses études pourront aller de front et sans se nuire, par conséquent, en s'entr'aidant, si le principal est un homme d'esprit, et si, dans ses conversations générales ou particulières, il a soin de saisir, de relever, de faire sentir les rapports naturels de ces diverses études, et de mettre les élèves sur la voie de la philosophie des sciences.

Entre les classes, avant et après elles, se trouvera le temps de ce qu'on appelle *les devoirs*, où les écoliers travaillent, étudient, apprennent, s'essaient par eux-mêmes. Ce sont ces travaux particuliers qui se feront dans chaque classe sous la présidence de l'élève *chef de classes;* et que les deux maîtres de quartier surveilleront, en se portant alternativement d'une classe à l'autre. Le premier des deux aura quatre classes sous son inspection habituelle, et le second trois. Mais chacun aussi pourra, dans le besoin, entrer dans les classes plus spécialement confiées à son collègue, et y donner les ordres provisoires qu'il jugera convenables.

A cinq heures du matin en été, à six en hiver, les élèves devront se trouver habillés avec soin dans la salle générale d'assemblée. Ils porteront les cheveux courts, et se seront peignés eux-mêmes. Les maîtres de quartier, qui présideront à l'habillement, auront soin que tous se soient lavé la bouche, les mains et le visage; ce qui est très utile à la santé et à la conservation des dents. — Le réveil aura précédé d'un quart d'heure l'assemblée.

La prière se fera en commun, et sera prononcée par *un* ÉLÈVE *chef de classes.* Tous les élèves chefs de classes se succéderont pour cette fonction, de sorte que chacun d'eux aura récité la prière à haute voix un jour de la semaine. Tout le collége, y compris le principal, les professeurs, les maîtres, les élèves et les domestiques, devra se trouver à la prière et la suivre à voix basse. Il n'y aura de dispense que pour la mauvaise santé.

Cette prière devra être conçue de manière à convenir à toutes les opinions religieuses et à n'en choquer aucune, afin que les parens de toute secte n'aient point de répugnance à la voir répéter par leurs enfans : la base doit en être l'Oraison Dominicale. Nous tâcherons, à la note, d'en donner un essai (1).

---

(1) ESSAI *de* PRIÈRE *du matin pour les colléges.*

« NOTRE PÈRE CÉLESTE !

» Que ton nom prononcé avec reconnaissance, amour et » respect, soit notre consolation et notre appui.

» Que notre volonté soit soumise à la tienne, et que, s'appli- » quant à rechercher ta lumière, elle y conforme nos actions, » avec autant d'exactitude, s'il est possible, que les astres en » ont à suivre les loix prescrites par ta sagesse et par ta puis- » sance.

» Donne-nous aujourd'hui notre pain quotidien. Nous tâche- » rons de le mériter par un travail utile à nous et aux autres.

» Préserve-nous de causer à personne le mal que nous ne » voudrions pas éprouver.

» Soutiens-nous dans la disposition active et perpétuelle de » faire à autrui le bien que nous désirerions qui nous fût fait.

» Etends notre bienfaisance sur les animaux et sur les plantes, » à l'imitation de la tienne.

» Que la contemplation de ta bonté nous conserve la force de » résister aux tentations, et nous éloigne de tout vice.

» Agrée le repentir que nous inspirent nos fautes. Fais qu'il » ne demeure pas stérile. Accorde-nous l'occasion et les moyens » de les réparer s'il en est temps encore, ou de les compenser » autant que le peut notre faiblesse; et que ta miséricorde, en » nous faisant pardonner à ceux qui nous ont offensés, daigne nous » pardonner ensuite.

» Adoucis les malheurs inévitables : que notre confiance en

Après la prière, chaque classe se rendra dans sa salle particulière, et, sous la direction de son chef, terminera *les devoirs* de la veille, qui, à sept heures, seront remis par le *chef de classe* au maître de quartier, et portés par celui-ci au professeur.

Ensuite on déjeûnera, et la récréation suivra le déjeûner jusqu'à huit heures que les classes s'ouvriront pour la leçon des professeurs, excepté dans celle de latin, où la leçon du professeur ne se donnera que le soir.

Le *professeur* aura eu une heure pour examiner *les devoirs*, signés chacun par celui qui les aura faits ; et il pourra commencer le travail de la classe en faisant aux élèves les observations d'éloge ou de critique qu'ils mériteront.

Après la leçon du matin, il y aura une demi-heure de récréation.

Puis un travail d'une demi-heure pour les classes qui seront ce jour-là en retour d'étude vers une précédente : travail dirigé vers l'objet que le professeur devra traiter dans cette classe de retour, et dont il aura prévenu le chef de classe directement, ou par le ministère du maître de quartier.

» toi nous aide à les supporter patiemment, dans l'espérance
» d'un avenir plus heureux.

» Nous te remercions de ce que tu permets à tes enfans de
» s'améliorer, en élevant leurs pensées jusques à toi.

» Ainsi soit-il ! »

Les autres classes auront deux heures de travail sous leur chef et leur maître de quartier. Ce travail sera relatif à la leçon qu'ils auront reçue le matin.

A une heure on dînera. Le dîner doit être précédé et suivi d'une prière, pour lesquelles on essaiera, en note, un projet de formule (1). On ne sera pas plus d'une demi-heure à table. Ensuite du dîner, il y aura récréation jusqu'à trois heures.

De trois heures à quatre heures et demie, on reprendra le travail dans la classe sous la direction de l'*élève* CHEF et du maître de quartier; et ce sera principalement pour préparer *les devoirs*.

---

(1) ESSAI *de* PRIÈRE *avant le repas.*

« NOTRE PÈRE CÉLESTE!

» Bénis l'usage que nous allons faire des alimens que ta Pro-
» vidence nous accorde.

» Nous ne les devons pas à notre seul travail, mais surtout à ta
» bonté, et aussi au travail de nos frères.

» Préserve-nous de l'intempérance qui nous rendrait moins
» capables de nous acquitter envers eux, et de sentir tes bien-
» faits.

» Ainsi soit-il! »

ESSAI *de* PRIÈRE *après le repas.*

« NOTRE PÈRE CÉLESTE!

» Qui viens de pourvoir à notre besoin, reçois l'hommage de
» notre reconnaissance, et fais qu'elle nous dispose à soulager à
» notre tour les besoins d'autrui.

» Ainsi soit-il! »

Depuis quatre heures et demie jusqu'à cinq, il y aura récréation pour goûter.

De cinq heures à sept se tiendra la classe du soir, qui sera ordinairement employée par le professeur à éclaircir les difficultés que la leçon du matin paraîtrait présenter aux élèves, et à les aider ainsi à mieux faire *le devoir* qu'ils auront à remettre, lisiblement écrit, le lendemain à sept heures du matin au maître de quartier.

Dans la classe du soir, le professeur laissera les écoliers travailler un peu par eux-mêmes. Cette classe ressemblera beaucoup à ce que nous avons, dans notre tableau, désigné par l'expression de *travail dans la classe*. Mais ce *travail* fait sous les yeux, et quelquefois avec le secours du professeur, sera autant et plus profitable qu'une *leçon* nouvelle, et il formera les élèves-*chefs* dans la manière de tenir la classe lorsqu'elle leur sera confiée.

Le travail du soir sera prolongé jusqu'à sept heures et demie, et la leçon du matin jusqu'à dix et demie, pour les classes dont les professeurs ou les élèves n'auront pas été obligés, dans la journée, de tenir une classe depuis onze heures jusqu'à une heure en faveur des écoliers de classes supérieures, qui retourneront à une classe déjà suivie pour y repasser les études anciennes.

On voit l'utilité de ces travaux en arrière, de ces classes de retour.

N'ayant qu'un an d'étude constante à donner à chaque langue, ou à chaque espèce de connaissance, nos élèves ne sortiront pas très forts d'aucune classe; et ils oublieraient presque complettement ce qu'ils y auraient appris, s'ils n'avaient plus à y penser durant le reste de leur séjour au collége. Mais dans l'année qui suivra immédiatement celle de leur cours à cette classe, ils en reprendront deux leçons par semaine, ce qui sera pour eux une espèce de redoublement de cours qui les renforcera beaucoup.

Et dans chacune des années subséquentes, ils en prendront encore toutes les semaines une leçon, ce qui les tiendra en haleine et les empêchera d'oublier.

Ils seront, dans leurs études, comme les hommes d'Etat sont aux affaires, obligés d'avoir la masse entière de leurs idées en mouvement et de raviver sans cesse une de leurs lumières par l'autre, en les exerçant très souvent au service l'une de l'autre. — Ces petits hommes-là, se familiarisant ainsi, depuis dix ans jusqu'à dix-sept, avec la vie humaine et avec l'espèce de vie que les grands hommes ont à mener, doivent s'élever à toute la hauteur de caractère et de talent dont la nature les aura rendus susceptibles.

Jettons un coup d'œil sur le nombre de leçons qu'ils recevront de leurs professeurs dans chaque classe, durant toute l'étendue de leurs cours, indépendamment des travaux particuliers qu'ils auront à faire sous leurs CHEFS *de classes* et leurs *maîtres de quartier*.

CLASSES, *ou* COURS.

Langue grecque et littérature grecque, 678 leçons.

Langue latine et littérature latine, 627 leçons.

Morale et langue française, 832 leçons.

Science de l'entendement, logique et langue allemande, 781 leçons.

Géométrie, algèbre et sciences physico-mathématiques, 729 leçons.

Chimie et autres sciences naturelles, 677 leçons.

Droit naturel et national, économie politique, histoire, 573 leçons.

La classe de chimie et celle de grec auront le même nombre de leçons.

Celle de latin n'en recevra guère moins; elle en aura un sixième de plus qu'on n'en reçoit en deux ans dans nos colléges les plus actifs de l'Europe; c'en est assez pour être à portée de lire et de juger les bons auteurs latins, qui, n'ayant pas été épuisés au collége, laisseront des plaisirs à goûter toute la vie.

Les classes de morale, de logique, de géométrie et de langues modernes, seront un peu plus approfondies, et l'on ne peut pas dire que ce soit un mal.

Quant à celle de droit naturel et d'histoire, où l'on ne donnera que cinq cent soixante-treize leçons, ce qui est doctrine et science n'en consumera pas cinquante. Le surplus, appliqué à ce qui est érudition, suffit pour une assez bonne notice des faits principaux, et pour inspirer le goût de la lecture et des recherches historiques avec lesquelles on apprend l'histoire tant que l'on n'a pas perdu la vue, ou qu'on a quelque enfant, quelque ami pour lire auprès de soi lorsque les yeux commencent à manquer.

Revenons à l'emploi de notre journée, que nous avons laissée à la leçon, ou au travail, qui doit quelquefois durer jusqu'à sept heures et demie du soir pour les trois classes inférieures, et plus souvent pour ces mêmes classes, toujours pour les autres, se terminer à sept heures.

Après la leçon du soir, il y aura en général une heure, et pour le petit nombre de ceux qui auront eu une heure de plus de travail dans la journée, il y aura encore une demi-heure de liberté que les élèves pourront employer à leur fantaisie. — Ceux qui craindront de n'avoir pas fini leurs devoirs pour le lendemain sept heures du matin, pourront y travailler, sans être pour ce moment sous aucune discipline que celle qui doit empêcher les querelles. — Ceux qui les auront achevés, ou qui pourront compter assez sur eux-mêmes pour les faire depuis la prière du matin jusqu'au déjeûner, seront les maîtres d'employer cette heure à la conversation, ou à la promenade dans le jardin, ou à écrire, ou à dessiner, ou à la lecture qui les amusera le plus, bien entendu qu'on ne laissera entrer dans le collége aucun livre licencieux.— Mais, dans tous les cas, cet amusement du soir se fera sans courses et sans jeux bruyans; car quelques-uns auront du travail à terminer : il ne faut pas trop les en distraire; et la digestion du souper se fait mieux, le sommeil est plus paisible quand les dernières heures de la journée n'ont pas eu trop d'agitation.

A huit heures on soupera. Le repas sera plus léger que le dîner, et sa durée n'excédera pas vingt minutes.

Il doit être suivi d'une PRIÈRE fort courte.

Les formules que nous avons indiquées pour celles qui doivent précéder et terminer le repas, peuvent être très bien suppléées par celles qu'on emploie en Angleterre et en Amérique dans la même occasion. Il y en a plusieurs formules respectables qui ont le caractère que nous avons désiré, celui de convenir à peu près à toutes les religions.

C'est un bon principe d'éducation de ne pas commencer la journée et de ne point prendre le repas sans une prière en commun. Cela est social. Accoutumons l'homme à se voir des frères et à se sentir sous la main d'un père.

On ne peut trop insister pour que toute prière, faite en commun, soit conçue en expressions si générales, qu'elles ne rendent que les maximes et les sentimens qui ne sont contestés par aucune secte. Il ne faut choquer ni insulter personne. Donnons aux religions qui se croient les plus opposées quelques occasions de s'appercevoir en quoi elles sont sœurs, et comment, à travers les torrens si variés de l'opinion, on peut solidement fonder entre elles les ponts secourables de la tolérance.

Les prières générales, faites avec ces précautions, présentent une utilité fraternelle, avertissent les distraits, émeuvent les cœurs sensibles, appellent à des idées qu'il est bon que chacun souhaite approfondir. Mais il n'en est pas moins vrai qu'il est impossible d'approfondir aucune de ces idées en commun.

L'observation, la réflexion, la persuasion, sont, par leur nature, des choses individuelles. Nul homme ne croit véritablement et ne peut croire que lui-même; car nul homme ne peut raisonner qu'avec son raisonnement, ni se convaincre que par sa logique.

Si nous voulons donc que nos jeunes gens soient disposés à une piété sincère, il ne faut pas tout leur mettre en liturgie.

Nous avons essayé, dans plusieurs circonstances, de les faire penser, savoir, vouloir, agir, voter par eux-mêmes, non point uniquement sur parole; et peut-être est-ce la moins mauvaise partie des idées que nous esquissons sur l'éducation nationale. — Mais s'ils se sont conduits en êtres intelligens et libres, s'ils ont employé leur jugement par rapport à leurs études et à leurs compagnons, pourquoi ne les mettrions-nous pas sur la voie d'un pareil et plus utile développement de leur âme pour examiner leurs propres actions, et pour s'exercer entre eux et leur conscience, d'après les notions du bon, du beau, du juste et de l'honnête, dont ils ont puisé les principales à l'école primaire, et dont on leur montrera le charme et la richesse dans la classe de morale?

Tâchons de faire en sorte que chacun d'eux ait, pour diriger ses opinions et ses actions, et porte dans ses relations avec l'INTELLIGENCE SUPRÊME, quelque chose qui lui soit personnel, qui soit son propre ouvrage, entièrement libre, absolument hors des regards de ses instructeurs.

La vertu que nous leur aurons enseignée pourra bien avoir à leurs yeux quelque attrait, puisqu'elle en a par elle-même; mais il n'y aura que celle qu'ils se seront donnée qui soit la leur.

Je désirerais donc que nous engageassions, que nous pussions déterminer nos enfans à faire, en se couchant et dans le plus profond secret de leur pensée, leur examen de conscience. Il les amènerait naturellement à de bonnes résolutions, à des projets vertueux, à des oraisons mentales, dictées par la circonstance et par le sentiment : ce sont celles-là qui partent du cœur et qui profitent à l'âme.

Aucune règle à leur prescrire sur un tel sujet. Rien à leur dire, sinon *songez à cela.* Rien à leur faire dire, sinon *j'y songerai.*

Ceux qui sont bons et sages s'en amélioreront beaucoup. Quelques-uns des médiocres se perfectionneront. Quant aux mauvais..... mais Dieu ne fait point de mauvais; et c'est à notre éducation à les empêcher de le devenir. — Plusieurs de ceux qui seraient flottans, se corrigeront.

Ces idées et cette espérance me font croire que la

prière commune du soir exige un caractère différent de celle du matin et des autres.

Le matin on entre dans la société ; il est bien de s'engager envers ses frères et à la face du ciel, par une déclaration affectueuse et mutuelle des devoirs réciproques, et par le vœu de les remplir.

Le soir on se retrouve seul avec la nature ; c'est le moment de rentrer en soi-même et devant son Auteur.

Je voudrais que le peu de mots et les derniers qui seraient dits avant de se séparer, ne fussent que l'annonce et la préface du recueillement qui doit clore la journée et précéder le sommeil.

Je proposerais d'y employer la formule suivante ou quelqu'une qui en approchât, et qui ne fût pas plus étendue.

« Notre Père céleste,

» Nous te rendons grâces de nous avoir accordé cette
» journée ;

» En la terminant, chacun de nous repassera dans sa
» mémoire les actions dont il l'a remplie, afin de te
» bénir pour celles qui sont bonnes, et d'implorer ta
» miséricorde sur celles qui pourraient mériter quelque
» reproche.

» Ainsi soit-il ! »

Ce serait vers huit heures et demie que l'on ferait cette prière, en sortant de souper. — On devra être couché à neuf heures. Il est difficile que, dans l'âge de l'innocence et de la bonté, une promesse si prochaine ne soit pas remplie par la pluspart de ceux qui l'auront prononcée.

Il serait possible qu'après que l'on serait couché, le maître de quartier renouvellât d'une manière ou d'une autre quelque léger avertissement, tel que : *Bon soir, mes amis, voilà le moment de penser à nous ;* — ou bien : *je vous recommande à votre raison ;* — ou tel autre mot du même genre. Mais il ne doit jamais se permettre aucune question pour savoir quel aura été l'effet de l'exhortation. Point d'inquisition sur les consciences. N'exposons pas à mentir ceux qui auraient pu être négligens. Un autre jour, ils seront plus exacts, et ils se reprocheront de ne l'avoir pas été.

Notre seule obligation était de réveiller un souvenir utile, de le faire en temps opportun, et de les induire à se consulter eux-mêmes dans un profond secret, dans une liberté parfaite.

La récréation paisible du soir, qui sera prolongée après souper jusqu'au moment de se mettre au lit, a en partie pour but d'amener, comme par une pente douce, à ces louables pensées.

Tout homme qui n'est pas encore corrompu, et qui a le loisir de vivre un peu dans son intérieur, se fait justice, et se donne volontiers un sage conseil.

Eclairer, cultiver la conscience ; l'habituer à se juger elle-même par sa propre raison et sa propre réflexion, dans l'indépendance de toute autorité humaine, en la seule présence de DIEU, ce doit être un grand service à rendre à la jeune humanité.

Des Récréations.

Nous avons fait ce qui a dépendu de nous pour que nos élèves fussent heureux ; car le malheur les aurait avilis et gâtés. Et pour qui serait le plaisir, si ce n'était pas pour la jeunesse ? En lui variant l'instruction, nous avons cherché à satisfaire son instinct de curiosité. Mais l'instinct de curiosité n'est pas toujours l'amour du travail. Celui-ci dans l'enfance se passe aussi vite qu'il s'allume aisément. Le travail sera le soutien et l'une des consolations de la vie. Il faut bien en faire contracter l'habitude de bonne heure ; c'est le principal avantage de l'éducation publique, où l'activité est excitée par l'émulation. Et cependant il faut craindre d'abuser de l'émulation même, qui n'est pas chez tous à un égal degré. Il y a un milieu à saisir. Les mesures des institutions générales doivent être prises sur les tailles médiocres.

Nous avons donc songé et dû songer à multiplier les récréations, qui ne s'appellent ainsi que parce qu'elles sont une sorte de *création renouvellée* de la force et du courage.

Nous avons donné,

pour déjeûner, *une heure*, dont le repas n'emploie que le quart.

Pour le jeu et la liberté.

	Heures.	Fractions.
Reste.	»	$\frac{3}{4}$
Après la leçon du matin.	»	$\frac{1}{2}$
Après le dîner.	1	$\frac{1}{2}$
Pour le goûter, une demi-heure, dont la moitié au repas, et l'autre à l'amusement.	»	$\frac{1}{4}$
Entre la classe du soir et le souper.	1	»
Après le souper.	»	$\frac{1}{2}$
TOTAL par jour.	4	$\frac{1}{2}$

Nous avons accordé en outre *deux* récréations, de *deux* heures chacune, par semaine, pendant les classes de retour, et un *congé général d'une après-midi* toute entière. Nous croyons que c'est assez.

Que ceux qui trouveront que c'est trop, veuillent bien ne pas juger de *prime-abord* dans leur fauteuil doctoral, mais se reporter à l'époque de leur jeunesse, et voir s'ils nous auraient reproché de leur faire perdre leur tems; si, au contraire, ils ne nous auraient pas *promis* d'employer d'autant mieux celui du travail, que nous aurions mis plus de bonté à nous occuper de leur divertissement.

Nous les prierons même d'examiner quelle est, dans la force de leur raison, la distribution de leur journée; combien ils donnent d'heures à la conversation, à la promenade, aux visites, à des lectures d'amusement, à jouer aux échecs, à digérer, à ne rien faire.

Ceux qui ne s'accordent pas quatre heures ou quatre heures et demie de pur délassement ; ceux qui consacrent régulièrement à leur travail plus de neuf heures par jour, conviendront aisément qu'ils sont des *hommes rares*, dont la conduite ne peut servir de règle à des enfans.

D'ailleurs, il ne faut pas croire que toutes les récréations soient du temps perdu. C'est le moment où les enfans reviennent à leur penchant naturel, d'observer et de raisonner par eux-mêmes. C'est celui où le désir de primer assure la supériorité à quelques-uns qui travaillent encore quand les autres jouent. C'est celui où ils peuvent en exerçant leur corps acquérir des connaissances aussi utiles à leur esprit que celles mêmes que nous leur donnons en classe. Les uns peuvent y apprendre à manier la scie, la varlope, le rabot, le ciseau, la gouge, le marteau, la lime, le tour; nous permettrons d'avoir ces outils dans les salles de récréation, et nous y accorderons à chacun un emplacement pour lui servir d'atelier ou de laboratoire. Les autres feront des observations météorologiques, ou des expériences de physique, de mécanique, de chimie. D'autres, et ce ne nous seront pas les moins chers, s'appliqueront à la culture, à semer, à planter, à transplanter, à tailler, à greffer. Dans des établissemens nouveaux, et un pays où le terrain n'est pas cher, nous donnerons à chacun d'eux un petit jardin, avec pleine liberté de l'administrer à leur fantaisie : *Nihil est agriculturâ meliùs, nihil uberius, nihil dulcius, nihil homine libero dignius*, dit le grand CICÉRON. — Nous étudierons leurs dispositions, et nous présagerons leurs destinées par le goût qui les entraînera, par le choix qu'ils feront pour leur occupation volontaire et leurs jouissances personnelles.

Beaucoup d'usage de leur liberté, joint à un travail régulier, varié néanmoins, et à un assez grand magasin de connaissances autour d'eux et à leur portée, doivent en faire des hommes d'un caractère nerveux, d'un cœur honnête, d'un esprit exercé.

C'est assez parler de plaisir; nous n'avons pas fini nos affaires.

Des Récompenses.

Nous avons à distribuer des prix, des promotions, des honneurs; nous avons à choisir dans les élèves de l'Etat ceux qui paraîtront dignes que l'Etat les pousse à des sciences encore plus relevées que celles qu'on étudiera dans les colléges.

Nous le ferons d'après les mêmes principes de liberté, d'élévation, de moralité que nous avons invoqués dans les cas de la même nature que nous ont présentés les écoles primaires.

Nous continuerons d'accoutumer nos enfans à penser comme des hommes et comme des citoyens, en leur donnant en public quelques devoirs d'hommes et de citoyens à remplir.

Chaque classe décernera tous les ans un premier et un

second prix. Ils seront adjugés à la pluralité des voix de tous les élèves de la classe, auxquelles on ajoutera deux voix données par le maître de quartier, trois par le professeur de la classe, et quatre par le Principal du collége.

A la fin des sept cours, on fera une cérémonie plus imposante. On décidera, par les suffrages de la plus haute classe et de l'Etat major, aidés des procès-verbaux des six années précédentes, quel élève devra être regardé comme ayant, l'un compensant l'autre, et sur la totalité, le mieux réussi. Il recevra, avec un livre d'une assez grande valeur, une couronne de laurier. Cela s'appellera le *prix général* ou le *grand prix des cours.*— Si l'élève couronné est un de ceux de l'Etat, il ira de droit et aux frais de l'Etat à l'*Université*, ou aux grandes écoles spéciales. — Si, au contraire, c'est un pensionnaire ou un externe, il aura, outre le grand prix, le plaisir de nommer, parmi les élèves de l'Etat qui auront remporté au moins deux premiers prix, ou un premier prix et deux seconds, celui qui sera envoyé aux grandes écoles ou à l'Université. S'il n'y a point d'élève de l'Etat qui ait eu ce nombre de prix dans le collége, il n'y en aura point qui aille à l'Université cette année-là. L'Etat n'en doit pas envoyer de plus faibles.

L'élève de l'Etat, désigné pour monter aux écoles spéciales, soit par l'éminence de son propre mérite, soit par son mérite joint à l'amitié du meilleur élève, *principibus placuisse viris non ultima laus est*, choisira la profession qu'il voudra embrasser, et en conséquence le genre d'étude qu'il aura encore à suivre. A raison de ce choix, il sera obligé de faire au collége, une, deux ou même trois années de vétérance, pour repasser les classes qu'on peut regarder comme plus particulièrement préparatoires de cette étude qu'il devra pousser au plus haut point dans les grandes écoles de l'Université. L'Etat lui continuera sa pension. On lui donnera une chambre particulière pour faire ses devoirs. Il sera traité en homme.

Ce stage d'une, de deux ou de trois années dans l'état de *vétérance* au collége, aura pour objet, d'abord, de renforcer l'élève, déjà fort, destiné aux études les plus relevées; ensuite, d'empêcher que l'on puisse arriver à quelques-unes des écoles spéciales de l'Université avant dix-huit ans, à d'autres, avant dix-neuf, et à quelques autres, avant vingt. Elles ne sont pas faites pour des enfans, ni pour de trop jeunes adolescens. Elles doivent conduire à des professions qui ne peuvent être exercées que par des hommes, même assez mûrs.

Tous les pensionnaires et les externes qui se destineront à l'une ou à l'autre de ces professions, sachant qu'ils ne seront point reçus avant dix-neuf ou vingt ans aux écoles de l'Université, se détermineront d'eux-mêmes à faire deux ou trois années de vétérance. Cela aidera un peu à la prospérité de nos colléges. Et parmi ces vétérans libres, plusieurs de ceux qui ont les dispositions lentes, mais qui n'en ont quelquefois la volonté que plus opiniâtre et le jugement que plus solide et plus profond, développeront, durant leur vétérance, un talent qui ne s'était point manifesté dans leurs classes. Ils pourront devenir aux écoles spéciales des hommes distingués. C'est fort bien fait de laisser leur revanche à ceux qui étudient à leurs fraix. Mais, chez les élèves de l'Etat, pour que l'État les défraie jusqu'au dernier terme, il faut que le mérite se soit annoncé.

Cette manière de les envoyer du collége à l'Université doit être bonne pour eux et pour les autres.

Calculs de la Dépense et de sa Répartition.

Le système d'éducation publique, dont nous venons de tracer le plan, coûtera-t-il bien cher?

Quand il devrait coûter fort cher, ce ne serait pas une raison d'y renoncer. De toutes les choses que l'on peut acheter, les lumières sont celles qui remboursent le mieux et le plus sûrement la dépense.

Mais il est possible qu'il ne soit pas fort dispendieux pour l'Etat, et même qu'il ne coûte pas aux familles beaucoup plus que l'éducation domestique. Ce ne peuvent être que les familles aisées qui envoient leurs enfans aux colléges. Les autres auront, dans les écoles primaires, une éducation très suffisante, et supérieure à celle de tous les peuples connus. Or, les familles qui désirent que leurs enfans aient une éducation absolument lettrée, n'hésiteront point, si deux enfans au collége ne leur occasionnent pas une dépense plus forte que trois à la maison.

Sur cette base, le collége peut avoir un grand succès, et les professeurs un sort très avantageux.

Examinons les détails; ne faisons rien en aveugle.

L'emplacement des colléges ne coûtera rien. — Dans les *townships* (cantons) où il n'y a que de petites villes, les propriétaires, frappés du besoin d'augmenter la valeur des terrains qu'ils ont à vendre, et d'appeller la population, *donneront* volontiers l'emplacement nécessaire au collége; et l'Etat devra l'exiger assez spacieux pour que les logemens soient commodes; que les classes, les salles d'assemblée et de récréation, les cours, le jardin de promenade, le potager, les jardins des élèves aient toute l'étendue suffisante. Dans les grandes villes, on obtiendra aisément des souscriptions pour acheter le terrain et peut-être pour une partie de la construction des bâtimens : les souscriptions sont une mode, et une utile mode américaine. Nous indiquerons plus bas comment, sur l'épargne causée par les vacances qui seront inévitables dans les commencemens, on pourra payer la plus forte portion de la bâtisse. L'Etat devra solder le surplus. Ce seront dix belles et très vastes maisons à élever en Virginie. Les hommes instruits, qui en ont le projet, sont dans chacun des Etats de l'Union, plus à portée que personne d'en évaluer la dépense.

Quant aux fraix annuels de l'instruction, nous pouvons les estimer.

Et nous proposerons de ne donner aux professeurs, en traitement fixe sur les finances publiques, qu'une somme annuelle très modique, ce qui serait absolument nécessaire pour vivre, quand même le collége n'aurait aucun élève : à peu près ce que coûte dans le pays le plus simple ouvrier. Le surplus qui fournira l'aisance à laquelle des gens de lettres livrés à une fonction laborieuse, utile et honorable doivent prétendre, sera pris sur les élèves, et résultera de leur nombre, de la vogue que le talent et les soins des Professeurs et du Principal donneront à leur maison, de l'empressement des familles à y envoyer leurs enfans.

Le Principal, seul, doit être un peu mieux traité.

Les domestiques, qui seraient un cuisinier, un portier, et deux serviteurs pour faire les lits, porter le bois, nettoyer les chambres, les classes, la maison, ne recevraient que la moitié ou environ de ce qu'on donnerait à un journalier. Le reste de leur sort, comme la plus forte partie de celui des maîtres, sera aux frais des élèves.

Voici quels pourraient être les traitemens, ou les dépenses fixes à payer par l'Etat :

Au Principal.	500 dollars (1)
A chaque Professeur, 300 dollars, et pour les six.	1,800
TOTAL.......	2,300

(1) Le dollar valant cinq francs trente centimes de France.

Ci-contre	2,300
A chaque Maître de quartier, 200 dollars, et pour les deux.	400
Au cuisinier.	200
Aux trois autres domestiques, 150 dollars chacun; et pour les trois. . . .	450
Pour les prix annuels et l'entretien des bâtimens.	150
TOTAL par an pour un collége.	3,500 dollars.

Et pour les dix colléges proposés	35,000 doll.	. . . 56,000 doll.
A quoi joignant la pension de cent quarante élèves de l'Etat, ou quatorze par chaque collége, sur le pied de 150 dollars chacun.	21,000	
Si l'on y ajoute les grandes écoles spéciales qui coûteront autant que trois colléges.	10,500	
Et l'entretien de cinquante élèves de l'Etat à ces écoles.	10,000	
On aura pour dépense de l'éducation nationale en Virginie.	76,500 doll.	

D'où l'on peut juger, d'après la proportion de la population, de la richesse, de la puissance des seize autres Etats comparés avec celui de Virginie, ce que coûtera l'éducation publique dans la totalité des Etats-Unis.

Mais ce sera la meilleure éducation nationale qui ait encore existé en aucun pays.

Au reste, je ne crois point que la République de Virginie doive se charger des écoles spéciales qui completteront *l'Université*. Je penserais qu'il ne doit y avoir qu'un établissement de ce genre dans tous les Etats-Unis, qu'il doit être placé dans la capitale, à *Washington-City*, et défrayé par *l'Union*. — Chaque Etat y pourrait entretenir, sur son propre trésor, un certain nombre d'élèves : et je ne conseillerais point à celui de Virginie d'y en envoyer plus de dix par année ; ce qui, vu la durée des cours de ces grandes et spéciales écoles, ferait cinquante au total. Sauf la liberté à tous les parens qui désirent pour leurs enfans des professions lettrées lucratives, quoique long-temps attendues, de leur faire suivre les cours supérieurs de l'Université ; et aux jeunes gens qui ont l'amour des hautes sciences, d'y employer quelques années de leur vie.

Si l'on adopte cette opinion, le retranchement de la dépense des grandes écoles spéciales réduira tout de suite les fraix à la charge de l'Etat de Virginie, pour toutes les espèces d'étude, à *soixante et six mille dollars*. Sur quoi, il est à considérer qu'il y en a *trente-*

un mille destinés à l'entretien, tant de *cent quarante* jeunes gens d'élite, mais dénués de fortune, dans les colléges, que de *cinquante* autres aux grandes écoles. Si, le regardant en masse, on croit ce nombre trop considérable, ce qui serait mon opinion, il est possible de le réduire, même à moitié, mais non plus bas. La dépense en ce cas pour la Virginie ne serait au total que de *cinquante mille cinq cents dollars*, et l'on doit observer qu'une partie de cette dépense ne serait que graduelle, puisque les élèves de l'Etat ne seront adoptés que d'année en année, et qu'il faudra douze ans pour en completter le nombre.

Revenons à la dépense de nos colléges, à leur organisation, aux moyens qui feront qu'avec de si faibles gages nos Professeurs soient néanmoins à leur aise, attachés à leur état, disposés à y donner tous leurs soins, à y appliquer tout leur esprit. Suivons notre maxime, que si, lorsqu'il s'agit d'établissemens et d'institutions, on n'a pas tout calculé, tout prévu, et principalement tous les moyens de subsistance, on n'a rien fait. Car, comme disent les économistes, *la mesure de la subsistance est celle de la population*; et si nos professeurs et leurs adjoints n'avaient pas l'apparence, l'espérance, la certitude d'une fortune honnête, nous ne trouverions point de professeurs, ou nous n'en trouverions que de *mauvais*; ce qui rendrait notre éducation *nulle* ou *mauvaise*.

Le sort des Principaux, des Professeurs, des Maîtres et de toutes les personnes attachées au service de nos colléges, sera composé comme nous l'avons indiqué, 1°. de leur traitement fixe; 2°. des droits qui leur seront attribués sur leurs écoliers : (droits qui seront déterminés par le réglement, mais dont le produit total sera éventuel; et qui, par son *éventualité* même, proportionnée aux succès de l'entreprise, excitera beaucoup l'activité des professeurs, et fera naître entre les colléges une très utile rivalité).

Il y aura trois espèces d'écoliers :

Les *élèves de l'Etat*, qui paiera, pour chacun d'eux, *cent cinquante dollars* annuellement;

Les *pensionnaires* aux frais de leurs parens, qui paieront *deux cent vingt-cinq dollars* de pension;

Et les *externes*, qui suivront à leur choix les cours qu'ils jugeront convenables, ou tous les cours s'ils le veulent, ne mangeront, ni ne coucheront dans la maison, et n'y resteront point hors de l'heure des classes, de peur que l'indiscipline ne s'introduise par eux chez les pensionnaires et les autres élèves à la faveur de la familiarité et de la liberté des récréations. Ces derniers ne donneront que *cent dollars* par année.

Nous savons que les *cent quarante* élèves de l'Etat, répartis entre dix colléges, en donneront *quatorze* à chacun; ou que s'ils ne sont que *soixante et dix*, ce que je préfère, ils n'en fourniront que *sept*.

Nous supposons qu'il pourra y avoir *neuf* ou *dix* écoliers par classe aux frais de leurs parens. Restreignons notre hypothèse à *neuf:* ce sera *soixante et trois* pensionnaires par collége.

Ajoutons-y par aperçu douze *externes.* Le nombre de ceux-ci pourra être plus grand, ou plus petit, en raison des villes où les colléges seront placés. Nous suivons l'hypothèse qui nous paraît convenir aux villes moyennes de l'Etat de Virginie.

C'est aussi en calculant le nombre des familles riches qui peuvent vouloir donner à leurs enfans une éducation lettrée, et qui, vivant à la campagne, n'en auraient pas la facilité auprès de leurs habitations, qu'il nous a paru que l'Etat de Virginie pouvait fournir environ *six cents* pensionnaires, lesquels, distribués entre dix colléges, feraient soixante pour chacun.

Cette distribution ne sera certainement pas aussi régulière. Un collége en vogue pourra très bien avoir *quatre-vingt-dix* pensionnaires, tandis qu'un autre moins célèbre n'en aura que *trente.* Mais ce sera une raison pour que les *Principaux* cherchent d'excellens Professeurs, et pour que tous les Professeurs fassent les plus grands efforts afin de soutenir et d'accroître la réputation de leur collége : leur sort en dépendra. Nous nous attachons toujours à la supposition moyenne, afin de savoir quel sera l'état moyen de nos officiers d'éducation publique.

Il sera pris sur chaque pension et sur chaque traitement, depuis et compris celui du Principal, jusques et compris celui des employés, cent dollars par année pour subvenir aux dépenses de la table.

Et, à la faveur des économies qui résultent de la vie en commun dans une maison de plus de quatre-vingt personnes, où il ne faut qu'une nourriture abondante et saine, non élégante, cette contribution suffira largement.

Ce sera le surplus des pensions qui, après avoir payé le blanchissage, le chauffage, les lumières, et les frais de bureau, tels que papier, plumes, encre, etc., servira, suivant de certaines règles de répartition, à augmenter tous les traitemens fixes.

Ces bases posées, nous allons offrir une idée du partage des fonds fournis par les divers élèves à qui nos colléges donneront l'instruction.

ÉLÈVES DE L'ÉTAT.

Fonds payés par l'Etat pour chacun de ses élèves, 150 doll.	*Emploi de ces fonds.*	
Pour	La table	100 dollars.
	Le blanchissage	6
	Le chauffage et les lumières.	6
	Le papier et autres menus frais.	5
	Le principal	6
	Le professeur de langues anciennes qui fait deux classes.	4
	Chacun des autres professeurs *trois* dollars, et pour les cinq.	15
	Leur maître de quartier. . .	4
	Chacun des domestiques *un* dollar, et pour les quatre. .	4
	TOTAL pareil. : . .	150 doll. (1)

(1) Nous n'avons porté aucun fonds pour l'habillement des élèves de l'Etat, parce qu'il nous a paru que, dans les Etats-Unis, il n'y a point de famille assez pauvre pour ne pouvoir habiller son enfant lorsque l'Etat le nourrit et le fait instruire.

PENSIONNAIRES

AUX FRAIX DE LEURS PARENS.

Emploi de cette pension.

Pension annuelle, 225 doll.	La table	100	dollars.
	Le blanchissage	6	
	Le chauffage et les lumières.	6	
	Le papier et autres menus fraix	8	(1)
	Le principal	20	
	Le professeur de langues anciennes	15	
Pour	Chacun des autres professeurs dix dollars, et pour les cinq.	50	
	Au premier maître de quartier neuf doll., à l'autre sept, ou entre les deux	16	
	Chacun des domestiques un, et pour les quatre	4	
	TOTAL pareil. . .	225	dollars.

Il sera permis aux *élèves pensionnaires* qui auront fini leurs sept années de cours, de rester encore deux ou trois années, pour se perfectionner dans celles des sciences enseignées, au collége où ils voudraient devenir plus forts, et d'assister, comme *vétérans*, à une classe ou à l'autre, selon leur volonté. Nous avons déjà vu que cette vété-

(1) Cette contribution pour les fraix de bureau, plus forte de la part des pensionnaires, suppléera à ce qu'il pourrait y avoir d'insuffisant dans celle des élèves de l'Etat, destinée à cette même dépense.

rance serait exigée des élèves de l'Etat destinés aux plus hautes sciences. Elle sera également nécessaire aux autres élèves, que leur penchant ou leurs parens porteront à suivre aussi les grandes écoles spéciales, puisqu'ils n'y pourraient être reçus qu'à dix-neuf ans.

On peut croire que sur *soixante*, il y en aura ordinairement *trois* ou *quatre* qui profiteront de cet avantage, afin de redoubler la classe d'histoire, de revisiter toutes les autres, de se rendre plus forts avant d'entrer à l'Université, ou de se donner plus de tems à réfléchir sur l'emploi ultérieur de leur vie. Ce seront les meilleurs qui pourront avoir cette pensée, *amant meminisse periti.* Les parens le désireront pour que leurs enfans ne tombent pas trop jeunes dans le monde et dans ses écueils. Et le Principal, les Professeurs, les Maîtres, ne manqueront pas de les y encourager; car ce sera une augmentation de renommée et de richesse pour le collége. La chambre particulière donnée aux vétérans, et qui les met à leur bonne foi, en décidera plusieurs. Je n'ai pas oublié comment on pense à leur âge.

Quant aux externes, qui peuvent être admis à tout âge, et suivre toute classe, selon qu'ils y seront appellés, soit par la célébrité d'un Professeur, soit par leur goût particulier pour une science ou pour une autre, ils se défraieront de toutes les fournitures qui pourront concerner leur travail, et donneront à la maison, comme nous l'avons dit, *cent dollars* par année.

Voici quelle en sera la distribution :

Au Principal.	10 dollars.
Au Professeur dont l'externe suivra le cours.	50
A chacun des cinq autres Professeurs *six dollars*, et pour les cinq.	30
Au premier Maître de quartier cinq dollars, au second trois, et pour les deux.	8
Au portier et au balayeur de leur classe, chacun *un* dollar, et pour les deux.	2
TOTAL pareil.	100 dollars.

Il nous est à présent très facile de savoir quel sera dans un collége, d'un succès moyen, le traitement en argent de chacun des savans et des serviteurs que sa constitution exigera :

A la seule charge de payer cent dollars pour *la table*, *le logement*, *le blanchissage*, *le chauffage et la lumière*, qui, pour cette somme, seront fournis en nature à tous les professeurs, employés, et pensionnaires.

Le Principal aura de traitement fixe.	500 doll.
Sur huit élèves de l'Etat, dont sept en cours d'étude (1), et un vétéran.	48
De cette part.	548 doll.

(1) Entre les deux suppositions de quatorze, ou seulement de sept élèves de l'Etat en cours d'études par collége, nous prenons ici la plus faible, de peur d'exagérer, et encore parce que nous pensons que cette proportion sera préférée.

Le Principal aura, de l'autre part	548 doll.
Sur soixante-trois pensionnaires.......	1260
Sur trois vétérans à leurs propres frais, ou à ceux de leur famille...............	60
Sur douze externes..............	120
TOTAL.....	1988 doll.

Ou dix mille cinq cent trente-six francs, en numéraire de France.

Le Professeur de langues anciennes aura de traitement fixe..................	300 doll.
Sur les huit élèves de l'Etat..........	32
Sur les soixante-trois pensionnaires	945
Sur les trois vétérans...............	45
Sur les douze externes.............	72
TOTAL	1,394 doll.

Ou bien près de sept mille quatre cents francs.

Chacun des cinq autres Professeurs aura de traitement fixe....................	300 doll.
Sur les huit élèves de l'Etat.........	24
Sur les soixante-trois pensionnaires	630
Sur les trois vétérans.............	30
Sur les douze externes............	72
TOTAL......	1,056 doll.

Ou environ cinq mille cinq cents francs.

Un Professeur à grande réputation, qui attirerait les

douze externes, aurait, de traitement fixe . . 300
Sur les huit élèves de l'Etat 24
Sur les soixante et trois pensionnaires . . . 630
Sur les trois vétérans 30
Sur les douze externes. 600

TOTAL. . . . . . 1,584 doll.

Où huit mille quatre cents francs.

Si les externes se partagent bien également, chaque professeur de langues modernes ou de science aura. 1,144 dol.

Plus de *six mille* francs.

Et celui de langues anciennes. . . . . 1,482 dol.

Plus de *sept mille huit cents* francs en argent; et sur ce revenu, il ne leur en coûtera que 530 fr. pour toutes les choses nécessaires à la vie fournies en nature dans le collége.

On aura sans doute approuvé qu'ayant deux classes à conduire, le traitement du professeur des deux langues et deux littératures anciennes, fût plus avantageux que celui de ses collégues, qui n'auront à enseigner qu'une langue et une science. Il n'emploiera, comme eux, que tout son temps, il n'aura pas double peine; mais il aura réellement quelque peine de plus. Celle de changer régulièrement d'étude et de travail tous les soirs et tous les matins, et de ne pouvoir pas demeurer une journée entière sur la même pensée, doit avoir beaucoup de désagrément. Son métier est plus *métier*, et ne comporte pas la même liberté philosophique. Il lui en faut une indemnité.

Nous avons tâché d'être justes.

Les Maîtres de quartier auront :

LE PREMIER		LE SECOND	
De traitement fixe. .	200 dol.	De traitement fixe. . .	200 dol.
Sur cinq élèves de l'Etat, y compris le vétéran	20	Sur trois élèves de l'Etat.	12
Sur les soixante et trois pensionnaires .	567	Sur les soixante et trois pensionnaires. . . .	441
Sur trois vétérans. . .	27	Sur les trois vétérans.	21
Sur douze externes. .	60	Sur les douze extern.	36
TOTAL. . .	874 dol.	TOTAL. . .	710 dol.
Mieux de *quatre mille six cents* francs.		Plus de *trois mille sept cents* francs.	

Les domestiques seront suffisamment payés.

Le cuisinier aura 275 dollars ;

Le portier et le premier garçon, chacun 237 ;

Et le dernier de tous, 225.

Ils pourront s'attacher à la maison, où ils trouveront toujours d'ailleurs quelques bénéfices casuels, une multitude de petites gratifications de la part des maîtres, des écoliers et des parens, qu'il est impossible de prévoir, et qu'on ne pourrait ni empêcher, ni calculer.

Mais ce n'est pas d'eux qu'il s'agit.

Le point était, en ne chargeant l'Etat que d'une très faible dépense, de procurer néanmoins à nos Professeurs un traitement assez avantageux pour que des gens de lettres et des savans très distingués d'Amérique et même d'Europe, puissent ambitionner cette carrière, et y passer leur vie sans regret.

Nous voyons que, selon ce plan, un savant qui consacrerait son travail à l'enseignement public, doit s'attendre à *mille dollars* au moins de revenu, et peut en espérer deux mille ou plus, car nous n'avons calculé que les circonstances qui doivent être ordinaires, et supposé qu'un succès moyen.

La constitution même de la maison obligeant nos professeurs d'avoir une table peu coûteuse, quoique suffisamment abondante, ils en seront beaucoup plus riches pour leurs autres besoins, et pourront aisément, en quinze ou vingt années de travail, économiser un capital plus que suffisant pour une honorable retraite.

Je désirerais qu'ils fussent célibataires, et ne songeassent au mariage que lorsqu'ils auraient ainsi assuré leur fortune, et pourraient quitter le collége.

Je n'en ferais cependant pas une loi positive. Ne contrarions jamais celles de la nature.

Mais quand un professeur, fût-ce même le Principal, sera marié ou se mariera, nous exigerons que sa femme n'habite pas dans la maison. Il n'est à désirer, ni pour les professeurs, ni pour les élèves, qu'il y ait aucune femme dans une grande maison d'éducation.

Nous voici presque au bout de notre tâche relativement aux *Colléges*. Nous avons suivi le cours, les embranchemens, les retours de leurs études, calculé leurs dépenses, indiqué leur police. Nous avons essayé de faire voir comment on pourrait trouver pour eux de bons professeurs ; et développer les dispositions des enfans, former leur esprit, leur procurer un assez grand nombre de connaissances réelles, sans altérer leur caractère par le malheur ou par l'ennui ; cultiver à la fois leur tête et leur cœur, leur jugement et leur morale.

Mais nous avons décrit ces colléges tels qu'ils seront dans leur pleine marche, et lorsqu'ils auront des élèves pour toutes leurs classes.—Il est temps d'observer qu'ils ne peuvent pas commencer ainsi ; et qu'il y aurait de l'inconvénient à établir tous les professeurs avant qu'on pût leur donner à tous des élèves, et des élèves préparés comme il convient pour leur classe, par l'instruction préliminaire que demande notre plan d'études.

Ou les professeurs des classes supérieures seraient plusieurs années sans travail, ou ils seraient obligés d'admettre des écoliers qui n'auraient point suivi les classes inférieures ; alors les classes supérieures ne seraient plus des parties intégrantes d'un système général d'enseignement. Elles ne deviendraient, pour leurs écoliers, que des *écoles spéciales* ; à peu près comme nous avons pensé qu'elles pourraient l'être par la suite et dans les grandes villes, pour quelques écoliers vétérans ou externes, qui, ayant terminé leur éducation, voudraient néanmoins revenir, et s'appliquer particulièrement à une science ou à une autre.

Les Professeurs s'accoutumeraient au plaisir exclusif de tenir des *écoles spéciales*. Ils deviendraient *rivaux* quand ils ne doivent être qu'*émules*. Ils mettraient leur art à faire prévaloir chacun leur classe : peut-être même et très vraisemblablement, en décriant d'une manière plus ou moins ouverte les sciences qu'enseigneraient leurs collègues, ou la méthode dont ces collègues feraient usage. Les animosités et la haine s'introduiraient dans la maison. Le fruit serait piqué du ver, il tomberait avant d'avoir eu sa maturité. Nous risquerions de n'avoir jamais le collége estimable que nous avons désiré, et dont l'espérance nous a donné quelque plaisir.

Avoir corrompu nos Maîtres par de grandes tentations d'intérêt et d'amour-propre, serait une très mauvaise route pour les conduire à nous donner de bons élèves.

Nous ne pourrions que difficilement ensuite ramener dans la maison l'esprit public et fraternel. Chaque Professeur, jaloux de ses écoliers, résisterait aux retours vers les classes antérieures, si nécessaires pour que l'éducation entière profite, et place, dans la tête des élèves, un corps de doctrine sagement pondéré.

Craignons donc de gâter nous-mêmes notre ouvrage, en voulant trop le hâter. Allons pas à pas : laissons nos institutions naître l'une de l'autre, selon leur ordre naturel. Prenons, pour former nos colléges, les six années que demandent les six premiers cours qu'on y suivra, et la préparation du septième, en y ajoutant chaque année une classe nouvelle, à l'usage de ceux qui sortiront de la classe précédente.

Il nous sera plus aisé de trouver successivement, et en six années, les professeurs dont nous avons besoin, que de les rencontrer tous à la fois; et, n'arrivant que les uns après les autres, ils se raccorderont naturellement à l'esprit de l'institution et aux habitudes qui seront prises. L'intention du législateur sera suivie constamment et sans peine.

Je proposerais de ne mettre en fonction, pendant les deux premières années, que le Principal, le Professeur de langues anciennes, et un domestique.

On me demandera, pourquoi mettre *un Principal* dans un collége qui n'aura encore qu'un seul Professeur?

Je répondrai que c'est afin que *le Principal* puisse exister par la suite sans choquer et dégoûter le Professeur.

Si, dans les deux premières années où il n'y aura d'autre professeur que celui de langues anciennes, nous lui laissions tout diriger, il ne voudrait plus reconnaître de supérieur quand le collége se completterait, et l'on serait obligé, ou de le nommer lui-même *Principal* (ce qui serait incompatible avec le service déjà très laborieux de ses deux classes, et, ce qui subordonnerait trop les sciences aux langues), ou de recevoir sa démission, qu'il donnerait plutôt que de devenir subalterne, après avoir exercé l'autorité suprême. Le cœur humain est ainsi fait.

Il faut donc, dès le premier moment, placer en chef celui qui doit conserver la direction générale. Les enfans naissent par la tête, et les arbres croissent par la cîme. N'inversons pas.

Le Gouvernement ou les Commissaires qu'il chargera de diriger l'instruction publique ne doivent choisir de chaque collége que *le Principal*, et ce sera sur sa présentation qu'ils nommeront ensuite les Professeurs : se réservant seulement de refuser leur agrément à ceux qu'ils n'en croiraient pas dignes, ou de le retirer à ceux qui se seraient mal conduits.

Le Principal n'aura d'autorité respectée qu'autant que le droit de présenter les Professeurs et les Maîtres, et de nommer les domestiques lui sera conféré.

Ce sera ainsi que l'esprit d'ordre se contractera dès l'origine, et que la subordination s'établira sans difficulté, pour être toujours maintenue. Un collége, et surtout un collége qui doit recevoir des élèves en pension, est une famille artificielle ; il y faut absolument un *père*, et ce *père* ne peut être que le PRINCIPAL. Les Professeurs ne doivent être entre eux que des *frères*, et, par rapport aux élèves, que des *oncles*.

Le collége naissant, et n'ayant encore que peu de pensionnaires, pourra loger dans une maison ordinaire, pendant que l'on construira les bâtimens qu'il devra occuper dans la suite. Ainsi, l'on ne sera point obligé d'attendre, pour les mettre en activité, que ces bâtimens soient construits.

On prendra la maison la plus grande et la plus commode que l'on pourra trouver, près du lieu où l'on élèvera ces bâtimens.

Le Principal en surveillera la construction ; il donnera aux élèves les *instructions de morale* : car il ne doit jamais y avoir un moment dans l'éducation où l'étude de la morale soit abandonnée ; et quand elle n'a point encore de Professeur spécial, il y a de l'utilité à charger *le Principal* de son enseignement. Il conservera pour elle de la prédilection lorsqu'elle formera ensuite une classe particulière ; et les élèves s'accoutumeront à la regarder comme la plus importante des connaissances humaines. Mettons à cet égard l'habitude et le préjugé à l'appui de la raison, et n'augmentons jamais les lumières qu'en les subordonnant aux vertus ; il en résultera toute la vie consolation pour les faibles, qui pourront se dire : *Je n'ai pas pu devenir aussi grand homme* qu'un tel ou un tel, *mais il dépend de moi d'être encore plus homme de bien ; et par conséquent de valoir mieux devant* Dieu, *ainsi qu'aux yeux de mes frères.*

Comme dans ces premiers momens, il y aura peu de pensionnaires, et comme il en résultera que la portion éventuelle du traitement tant du *Principal* que du *Professeur de langues anciennes* sera faible, on pourra leur allouer outre le traitement fixe de leur place, celui des places dont ils rempliront provisoirement les fonctions auprès du petit nombre d'élèves qu'ils auront à conduire.

Ainsi, pendant les deux premières années, le Principal aura de fixe son traitement de principal, cinq cents dollars, et celui de Professeur de morale, trois cents dollars, en total *huit cents dollars*, quatre mille deux cent quarante francs.

Et le Professeur de langues anciennes aura, outre son traitement de professeur, trois cents dollars, un traitement de maître de quartier, deux cents dollars, en tout *cinq cents dollars*, deux mille six cent vingt-cinq francs.

Outre ce que chacun d'eux recevra du produit de ses droits éventuels.

Lorsqu'ensuite le Professeur de morale et le premier Maître de quartier seront nommés, si le nombre des pensionnaires n'est pas encore suffisant pour que les droits éventuels procurent au *Principal* et au *Professeur de langues anciennes* un traitement au-dessus de celui que ce supplément leur aura fait atteindre dans les premières années, le *Comité de l'éducation* continuera de leur allouer une gratification plus ou moins forte, pour qu'ils ne se trouvent pas en perte, et cette gratification ne leur sera retirée qu'après qu'elle aura été excédée par le produit des droits éventuels. — En se consacrant à l'enseignement public dans un de nos nouveaux *collèges*, il faut qu'un savant soit assuré que d'année en année son sort s'améliorera, du moins jusqu'à ce que l'établissement de la maison et des divers cours d'instruction soit complet. Ce seront les progrès ultérieurs qu'on abandonnera aux effets de la concurrence et de l'émulation entre les différens colléges.

Durant les deux premières années on n'aura donc en fonction que le Principal et le Professeur de langues anciennes, qui rempliront de plus entre eux deux le service de *Professeur de morale*, et celui de *Maître de quartier*, et en toucheront le traitement.

Un seul domestique suffira certainement pour la première année. Le nombre des pensionnaires décidera s'il en faudra un de plus l'année suivante.

La dépense de la première année sera de *quinze cents dollars*, non compris le loyer de la maison. Celle de la seconde pourra s'élever à *seize cent cinquante dollars*, outre le loyer.

Nous proposerons de décréter, dès le premier moment, la dépense annuelle du collége, comme s'il était complet, et d'autoriser *le Comité de l'instruction publique* à employer, pour construire les bâtimens, les fonds qui demeureront libres par la vacance qui aura lieu dans les chaires pendant les premières années.

Si le loyer de la première maison coûte *cinq cents* dollars, il y aura la première année *quinze cents* dollars, et la seconde *mille trois cent cinquante dollars* qui demeureront libres, ou pour les deux années, *deux mille huit cent cinquante dollars* (quinze mille deux cents francs), et il est vraisemblable qu'avec cette somme on pourra en deux ans construire assez de logement pour les trois classes qui seront en activité à la fin de la seconde année.

Ce sera dans le cours de cette seconde année, que le Principal cherchera un homme digne d'être présenté au Comité d'instruction, pour remplir la *chaire de morale et de langue française.*

Pendant cette troisième année, le nouveau Professeur, dont les fonctions sont, par leur nature, moins laborieuses que celles du Principal et du Professeur de langues anciennes, remplira celles de Maître de quartier; et le traitement de cette place, joint à ce qui sera nécessaire en gratification pour que chacun d'eux y ait quelque avantage, sera partagé entre les deux Professeurs et le Principal.

Il sera possible que l'on commence à éprouver le besoin de trois domestiques, puisque trois classes étant en activité, il pourra y avoir jusques à trente ou trente-six pensionnaires; cependant la dépense n'excédera pas même, selon cette hypothèse, *dix-huit cents dollars*, parce que l'on n'aura plus de loyer à payer, et que l'on habitera dans la portion du collége qui aura été élevée. Il restera donc cette année encore *mille sept cents dollars* pour en continuer les bâtimens.

A la fin de la troisième année, et pour la quatrième,

on établira, sur la présentation du Principal, et avec l'agrément du Comité de l'instruction, le Professeur de logique, de science des sensations et des idées, et de langue allemande, et un Maître de quartier. Les pensionnaires, qui, en quatre classes de pleine activité, pourront être alors au nombre de quarante ou quarante-huit, suffiront pour élever par les rétributions qu'ils donneront aux Professeurs le traitement de ceux-ci à une somme suffisante pour que l'Etat n'ait plus de gratification extraordinaire à leur donner. La dépense ne sera donc pas au-dessus de *deux mille cent dollars*, et l'on aura encore *quatorze cents dollars* à employer pour l'augmentation des bâtimens.

L'expiration de la quatrième année amènera l'avènement du *Professeur de géométrie* et *de sciences physico-mathématiques*, et l'existence de cinq classes pourra rendre nécessaire le secours du second Maître de quartier. La dépense montera jusqu'à *deux mille six cents dollars*. Il ne demeurera, dans la cinquième année, que *neuf cents dollars* à consacrer aux bâtimens.

Avec la sixième année arrivera l'installation du *Professeur de chimie*, et des autres branches de *l'histoire naturelle*, et, selon l'apparence, le besoin du quatrième domestique, pour le service d'une maison qui pourra être alors de soixante ou quatre-vingts personnes. La dépense sera portée jusqu'à *trois mille cinquante dollars*. On n'aura plus que *quatre cent cinquante dollars*, pour parfaire les bâtimens, qui auront coûté en tout *sept mille trois cents dollars* (près de quarante mille francs.)

Si l'on ne croit pas cette somme suffisante pour la construction des édifices nécessaires à un collége, il faudra ou donner en fonds primitifs le surplus, ou porter la dépense annuelle du collége au-dessus de *trois mille cinq cents dollars.*

Il nous suffit d'avoir montré qu'en nous conformant à la sage lenteur que paraissent exiger la meilleure combinaison des études, et le bon esprit qu'il est si important d'établir dans la maison, on trouvera, sur l'économie qui résultera du soin de ne mettre les diverses classes en activité, qu'à mesure qu'elles deviendront nécessaires, le tout, ou la plus forte partie des fonds à dépenser pour les bâtimens.

Époque de l'ouverture des Colléges.

Je n'ai plus qu'un mot à dire, relativement à nos colléges.

Quoique nous ayons combiné leur plan d'études pour qu'il fît suite aux études des écoles primaires, dans toutes leurs parties morales, physiques, géométriques et grammaticales; et quoiqu'il soit impossible de se procurer avant quatre ans les livres classiques, dont les écoles primaires ont besoin, ces livres destinés à être le fondement de l'éducation nationale, et à rendre le peuple, qui les emploiera le premier, si supérieur à tous les autres peuples passés et présens, je ne pense point du tout qu'il faille attendre cette époque pour fonder les colléges, et commencer à les mettre en activité.

Il vaudrait mieux sans doute, si cela était possible, que les enfans y arrivassent avec l'excellente instruction préliminaire que leur donneront dans la suite nos *écoles*. Cependant il ne faut pas que ce *mieux*, que nous avons en vue pour les petits qui sont à la mamelle, nous empêche de faire *le bien* pour ceux qui bondissent autour de nous, et qui, dans dix ans, seront des hommes, presque au moment de prendre notre place, instruits ou non.

La constitution de nos colléges demande six années pour leur organisation complette ; nous ne pouvons trop nous hâter d'en arrêter le plan, d'en faire les loix, d'ouvrir leur première classe. Il faudrait que cela fût fait l'année prochaine.

Nos enfans y entreront, il est vrai, médiocrement préparés...., comme ont fait leurs pères. — Mais puisque nous sommes sortis des colléges qu'on avait de notre temps, et qui ne valaient pas ceux que nous voulons fonder ; puisque cependant nous ne nous croyons pas les derniers des humains, espérons que la jeunesse, qui a présentement besoin d'instruction, en sortira meilleure que nous ne sommes ; surtout puisqu'elle sortira en effet de colléges plus sagement combinés que ceux où l'on nous a fait occuper, ou perdre, une belle partie de nos premiers ans.

Voyons avec plaisir que nous serons surpassés par nos fils, qui le seront eux-mêmes par leurs enfans. Faisons la progression inverse de celle qui affligeait *Horace*, lorsqu'il disait : *Ætas parentum*, *pejor avis*, *tulit nos*....

Il faut aussitôt que possible instituer les grandes écoles de l'Université, qui seront moins utiles que les colléges ;

Et les colléges qui ne feront pas tant de bien que les écoles primaires ;

Et les écoles primaires qui seront la riche source des lumières, des vertus, et du bonheur de la nation.

Ces trois degrés d'instruction se supposent, et s'amélioreront mutuellement.

Les hommes d'Etat qui établiront les écoles supérieures dans l'Université, recueilleront la gloire dont les savans distingués sont de très bons dispensateurs.

Les fondateurs des colléges jouiront de la reconnaissance des élèves et des parens.

Les bénédictions du ciel, la vénération de la postérité, les délices de la conscience heureuse, seront pour les créateurs des bonnes écoles primaires.

Ambitionnons tous ces honneurs, toutes ces jouissances et menons-les de front. — Ne laissons, si nous le pouvons, à nos successeurs que des grâces à nous rendre.

Obtenons, dès la prochaine session de la législature, qu'elle décrète en même tems la confection des livres classiques pour les petites écoles, les programmes et les prix dont cette confection devra résulter, les principes, l'organisation de l'enseignement dans ces écoles; et l'institution des colléges, pour que l'exécution en commence dès l'année courante; et celle des grandes écoles spéciales qui completteront l'*Université*, pour qu'elle existe l'année d'ensuite au plus tard.

Mais sur ce dernier point, comme nous l'avons fait pour les deux autres, tâchons d'avoir une idée nette de ce que nous voulons.

TROISIÈME PARTIE.

DE L'UNIVERSITÉ, *ou plustôt des* GRANDES ÉCOLES SPÉCIALES *pour les hautes sciences.*

Nous avons jusqu'à présent employé le mot d'*Université* en parlant de son complément, ou de l'établissement d'instruction publique dans lequel on enseignera d'une manière plus approfondie quelques-unes des sciences dont l'étude aura été commencée et même assez avancée dans nos colléges, ainsi que d'autres sciences qui ne demandent pas à être si généralement répandues.

Et nous l'avons employé, parce que c'est sur l'établissement d'une *Université* qu'on a bien voulu nous demander ce mémoire.

Cependant l'homme respectable et profondément instruit qui a eu cette bonté, n'a, en cette occasion entendu par *Université* que l'institution nécessaire à l'enseignement des plus hautes sciences. Il a formellement

Voyons avec plaisir que nous serons surpassés par nos fils, qui le seront eux-mêmes par leurs enfans. Faisons la progression inverse de celle qui affligeait *Horace*, lorsqu'il disait : *Ætas parentum*, *pejor avis*....., et mettons la main à l'œuvre dès demain.

Il faut aussitôt que possible instituer les grandes écoles de l'Université, qui seront moins utiles que les colléges ;

Et les colléges qui ne feront pas tant de bien que les écoles primaires ;

Et les écoles primaires qui seront la riche source des lumières, des vertus, et du bonheur de la nation.

Ces trois degrés d'instruction se supposent mutuellement ; et parce qu'ils existeront à la fois, ils en seront tous trois beaucoup meilleurs.

Les hommes d'Etat qui établiront les écoles supérieures dans l'Université, recueilleront la gloire dont les savans distingués sont de très bons dispensateurs.

Les fondateurs des colléges jouiront de la reconnaissance des élèves et des parens.

Les bénédictions du ciel, la vénération de la postérité, les délices de la conscience heureuse, seront pour les créateurs des bonnes écoles primaires.

Ambitionnons tous ces bonheurs, et menons-les de front : *oportet hæc facere et illa non omittere*. Ne laissons, si nous le pouvons, à nos successeurs que des grâces à nous rendre.

Obtenons, dès la prochaine session de la législature,

qu'elle décrète en même tems la confection des livres classiques pour les petites écoles, les programmes et les prix, dont cette confection devra résulter, les principes de l'organisation de l'enseignement dans ces écoles ;

Et l'institution des colléges, pour que l'exécution en commence dès l'année courante ;

Et celle des grandes écoles spéciales qui completteront l'*Université*, pour qu'elles existent l'année prochaine au plus tard.

Mais sur ce dernier point, comme nous l'avons fait pour les deux autres, tâchons d'avoir une idée nette de ce que nous voulons.

Nous avons jusqu'à présent employé le mot d'*Université* en parlant de son complément, ou de l'établissement d'instruction publique dans lequel on enseignera d'une manière plus approfondie quelques-unes des sciences dont l'étude aura été commencée et même assez avancée dans nos colléges, ainsi que d'autres sciences qui ne demandent pas à être si généralement répandues.

Et nous l'avons employé, parce que c'est sur l'établissement d'une *Université* qu'on a bien voulu nous demander ce mémoire.

Cependant l'homme respectable et profondément instruit, qui a eu cette bonté, n'a en cette occasion entendu par *Université* que l'institution nécessaire à l'enseignement des plus hautes sciences. Il a formellement

Mais *le latin*, aussi bien que l'on puisse enseigner une langue morte.

Le grec, assez médiocrement, excepté dans les universités d'Ecosse et dans quelques-unes d'Allemagne.

La *poësie latine*, c'est-à-dire les règles de la versification : la poësie ne s'enseigne point, *nascuntur poetæ.*

La *rhétorique*, si plaisamment définie par MONTAIGNE, *l'art de faire de grands souliers pour de petits pieds :* de tous les arts, le plus propre à gâter le style.

On y ajoutait, pour *fausser* l'esprit, l'*argumentation*, sous le nom de *logique*, avec ce principe bête et barbare, que toute proposition peut être également combattue ou défendue : *quidquid dixeris argumentabor.*

Cependant tous nos grands hommes ont résisté au malheur d'avoir fait de telles études, comme quelques tempéramens très robustes survivent à l'abus de la saignée, de l'opium, du kermès, de l'émétique, et du calomélas.

Par-dessus ces deux éteignoirs du bon sens, on en mettait un troisième, c'était un inintelligible galimatias théologique qu'on appelait *métaphysique.*

Et sur la fin du cours, dans les derniers mois de la dernière année on parlait un peu de *géométrie*, de *physique* tellement quellement, et d'astronomie : de manière qu'il n'en restait aux élèves que des notions beaucoup plus faibles que celles que nous donnerons dans nos écoles primaires.

Après avoir pris ce qu'on nommait des *licences* dans ces quatre *Facultés*, on croyait avoir la science *universelle;* et il a été un tems où l'on soutenait fièrement des thèses *de omne scibili.*

Ce ne sera point là notre UNIVERSITÉ.

Elle comprendra réellement nos *petites écoles*, nos *colléges* et nos *grandes écoles spéciales.* Car toutes ces institutions seront des branches de notre enseignement public. — Et les grandes écoles spéciales n'en seront que le faîte ou le complément.

Ce ne serait donc point à elles que je voudrais donner le titre d'*Université*, qui peut avoir un côté utile : celui de se raccorder aux idées reçues, et de persuader, tant aux Européens qu'aux Américains, qu'on peut être aussi bien élevé aux Etats-Unis qu'en Europe.

Je voudrais établir, par la loi relative à l'instruction, que le *Conseil général* et les *Comités particuliers d'instruction publique*, pour administrer ce qui est relatif à l'enseignement; les *grandes écoles spéciales* destinées à l'étude des sciences les plus relevées; les *colléges* qui ont pour objet de former en général les gens de lettres et les savans; et les *écoles primaires* pour répandre les lumières les plus essentielles *sur la totalité* des citoyens, constitueront l'*Université de l'Amérique septentrionale.*

Un jeune homme qui aura suivi l'école primaire, le collége et les grandes écoles, sera un *élève de notre Université.*

Ainsi nous parlerons clairement et avec exactitude : ce qu'il faut toujours faire en législation, et, autant qu'on le peut, en tout. Rien n'est plus choquant, mais surtout lorsqu'il s'agit de l'éducation de la jeunesse, qu'il faut rendre délicate sur la justesse des expressions, que les mots insignifians, ou signifiant des choses qui ne sont pas.

Occupons nous donc à présent des grandes écoles spéciales qu'il me paraît suffisant d'établir à *Washington-City*.

Il me semble que ces grandes écoles doivent être au nombre de quatre,

Une de médecine ;

Une des mines ;

Une de science sociale et de législation ;

Une de géométrie transcendante et des sciences qu'elle doit éclairer.

Je ne vois point de nécessité d'établir entre elles aucune dépendance, ni d'autre rapport que celui d'être logées dans le même palais, où l'on placerait aussi la bibliothèque publique, le muséum, le jardin de botanique, le Conseil général de l'instruction, et la Société philosophique.

Ce palais des sciences me paraît devoir être un des monumens dont les dix-huit Etats voudront embellir leur capitale.

Nous avons vu que les élèves de l'Etat, nommés pour être envoyés aux écoles spéciales, auront choisi leur carrière, et s'y seront préparés par un stage plus ou moins long de vétérance au *collége.*

Ceux qui auront préféré l'école de médecine, auront redoublé la classe de chimie, de physique et d'histoire naturelle, et celles des langues anciennes. Cela leur aura demandé trois ans.

Ceux qui se destineront aux mines auront porté leur travail sur la classe de géométrie et celles d'histoire naturelle et de chimie. Deux ans leur auront suffi.

La géométrie et l'algèbre auront occupé ceux dont les vues se seront tournées vers l'astronomie, la navigation, la construction des vaisseaux, ou les hautes mathématiques; et il est possible qu'ils n'aient eu besoin que d'une année de stage. Il est possible aussi que deux ans leur aient été nécessaires.

Enfin, ceux qui voudront exercer la profession du barreau, ou se livrer à la science du gouvernement, se seront appliqués à la classe de droit naturel, de droit national, d'histoire, d'économie politique, et aux langues tant anciennes que modernes. Il leur aura fallu trois années.

Tous arriveront aux écoles spéciales, non entièrement novices, mais déjà dignes d'en recevoir les leçons, et capables de les entendre.

Les quatre écoles étant sous l'administration directe du Conseil de l'instruction, n'ont pas besoin d'un autre *Principal* général; — mais chacune d'elles en doit avoir un *particulier*, chargé de présenter ses co-opérateurs, et d'indiquer aux élèves par quelle classe spéciale ils doivent commencer, dans quel ordre et dans quel esprit ils doivent les suivre, quelles sont celles qu'ils feront bien de redoubler, et quand.

Voyons le nombre de classes qu'elles exigent.

ÉCOLE DE MÉDECINE.

Elle aura cinq classes.

La première, d'anatomie;

La seconde, d'économie animale et de pathologie: ce sera celle-là dont le Professeur aura le titre, le rang, et les droits de *Principal;*

La troisième, de chirurgie et de l'art des accouchemens;

La quatrième, de matière médicale et de chimie pharmaceutique;

La cinquième, de botanique.

Les classes de botanique et d'anatomie pourront être suivies par des jeunes gens qui ne se destineraient point à la profession de médecin, et voudraient seulement approfondir les sciences naturelles. Mais personne ne sera reçu Docteur en médecine sans avoir obtenu, dans toutes les cinq, des succès constatés par plusieurs examens publics.

Le Professeur de *botanique* aura la direction du jardin, et fera faire à ses élèves des courses dans la campagne.

Celui d'*anatomie* donnera quelques leçons sur l'anatomie comparée, qui ne laisse pas d'éclairer beaucoup celle de l'homme. Indépendamment des travaux de son amphithéâtre, il dirigera et surveillera ceux que chacun de ses élèves pourra et devra faire hors de la classe ; et à mesure qu'ils feront des progrès, il les chargera successivement de démontrer, sous ses yeux, dans l'amphithéâtre, à leurs compagnons.

Le *Principal*, et le Professeur de chirurgie sous lui, auront la direction des hôpitaux, et y conduiront leurs élèves, en les prévenant des variétés dangereuses que le rapprochement des malades peut occasionner dans un hôpital ; mais on aura soin de rendre ces complications, ces variétés, plus rares et moins redoutables par les courans d'air qu'on établira dans les salles, et par la distance à laquelle on placera les lits l'un de l'autre. Quand on bâtit dans un pays où le terrain est à-peu-près à discrétion, on a une donnée bien avantageuse pour les maisons destinées à secourir les malades. Il doit même être assez facile à *Washington-City* et dans les autres grandes villes de l'Amérique, de n'avoir besoin d'hôpitaux que pour les matelots dénués d'amis et de connaissances, en secourant les autres indigens à leur domicile.

Les Médecins Professeurs, seront de même autorisés à mener avec eux dans leurs visites, chez les malades qui les appelleront, un de leurs élèves ; mais jamais deux à la fois, et toujours le même chez le même malade. Car un malade ne trouve point mauvais de voir son Docteur avec un consultant; le changement de visage pourrait l'inquiéter et l'affecter. Par cette même raison, si le médecin n'a point été assisté de son élève à la première visite, il ne pourra plus s'en faire accompagner.

Tous nos élèves auront fait au collége au moins deux bons cours de chimie théorique et pratique. Il leur deviendra très-facile d'en appliquer les principes et les manipulations à la matière médicale et à la pharmacie, avec le secours d'une classe de chimie pharmaceutique.

Ces élèves en médecine seront des hommes faits, qui, en qualité de vétérans, auront redoublé au collége leurs classes de grec, de latin, de chimie et d'histoire naturelle. Ils ne seront point assujettis dans l'école de médecine aux classes de retour, qui ont été indispensables au collége pour des enfans distraits et d'une mémoire aussi fugitive que vive; mais nous avons déjà indiqué que d'eux-mêmes, et suivant les conseils du Principal ou des Professeurs, ils redoubleront les cours sur lesquels il leur sera le plus important d'avoir une forte instruction. L'anatomie, la pathologie, la chirurgie demandent chacune une étude de plus d'une année pour des gens qui ne veulent pas se borner à en savoir parler; et il faut que nos élèves puissent en appliquer les lumières au soulagement de l'humanité souffrante. Le tems ne leur manque pas : un homme qui veut être médecin y doit employer sa jeunesse entière; car avant trente ans il n'inspirerait point de confiance. Il faut donc qu'il s'occupe jusqu'à cet âge à la mériter : la confiance du malade est un des plus puissans remèdes du médecin.

Nous avons placé la classe de botanique à la fin des sciences médicales, comme une récréation et une consolation ; nous avons craint qu'au commencement elle ne fût une séduction et une distraction dangereuse.

L'étude de la botanique est si gaie et si salubre ; celle de l'anatomie au contraire, quoique très-curieuse, est si triste, si malsaine ; il y faut vaincre une telle horreur ; la chirurgie qui demande qu'on surmonte la compassion qu'inspirent les cris, et la répugnance à tremper ses mains dans le sang, exige un si pénible courage, que les amans de Flore ont une peine extrême à revenir de ses rians vallons et de ses bosquets délicieux aux autels de la douleur et dans le temple de la mort.

Aussi est-ce une observation assez générale que la plupart des botanistes ne veulent plus être médecins, s'ils ne le sont d'avance. Cependant il ne faut pas dans une société un très grand nombre de botanistes de profession. Ils sont comme les géomètres transcendans ; deux ou trois du premier rang, cinq ou six du second suffisent. Il n'en est pas de même des médecins : quand ils ont l'esprit philosophique, quand ils ne prétendent pas tout guérir, quand ils ne s'obstinent point à droguer, quand ils possèdent l'histoire naturelle, quand ils savent,

par la suite présentera son collègue. — Ce Principal enseignera la science du gouvernement en général; celles de l'administration intérieure et des relations politiques; le droit des gens, la statistique, la colonisation. Ce sera *l'école des hommes d'Etat*.

Les premiers élémens en auront été pris dès l'enfance dans le livre classique des petites écoles, et déjà développés, tant à la classe de morale qu'à celle d'histoire et d'économie politique du collége.

Mais, dans l'école spéciale, on ne se bornera point aux maximes générales, ni même aux grands apperçus de l'histoire : on y examinera en détail la puissance et les intérêts des différens peuples, leur sagesse, leurs erreurs, les conséquences qui en dérivent. On exercera cette arithmétique politique, qu'une critique judicieuse éclaire, et qui apprend à ne pas prononcer sur la population, la culture et le commerce d'un pays d'après les *directorys*, les almanachs, les mauvais livres de géographie, les relations hasardées ou partiales des voyageurs ; ni même sur la foi des pièces en apparence plus authentiques, et cependant tout aussi fautives, telles que les rapports officiels de finances, qui ne tiennent jamais compte des dilapidations, et taisent les opérations secrètes ; et telles encore que les relevés des registres de douanes, dont les rédacteurs ne peuvent, ni ne veulent, mentionner la fraude, les collusions, la contrebande, et n'ont pas la plus légère notion des transports d'argent, d'or, de pierres précieuses, de bijoux et de marchandises de peu de volume, comme les dentelles et autres.

On instruira les élèves à combiner chaque fait avec ceux qui lui sont co-relatifs; à les balancer, à les juger l'un par l'autre ; à emprisonner la vérité entre deux exagérations, l'une par excès, l'autre par défaut ; et à les resserrer ensuite avec sagacité, jusqu'à ce que le bon sens discerne à très peu près ce qui existe réellement. Il est étonnant à quel point d'exactitude on peut, par cette méthode, obtenir des connaissances de fait, qui d'abord semblaient cachées dans une invincible obscurité, sous des cahos de dits et de contredits.

Les vérités politiques démontrées par les faits ne sont pas plus sûres qu'elles ne l'étaient au premier coup d'œil pour les hommes de génie ; mais elles deviennent beaucoup plus imposantes pour la multitude. Il est nécessaire que les membres d'un gouvernement sachent ajouter ce poids d'érudition qui frappe le vulgaire à celui de la raison qui ne touche que les philosophes ; et que par la force, la profondeur, la richesse de leurs discussions, ils puissent, dans les Corps législatifs ou dans les Conseils exécutifs, repousser, terrasser les assertions précipitées qui entraîneraient à des résolutions dangereuses. Il ne suffit pas dans ces combats politiques d'être nerveux et d'avoir raison ; il faut encore être bien armé et savoir l'escrime.

Une autre partie de cette belle science, partie extrê-

mement importante pour un pays comme les Etats-Unis, qui a derrière lui trois millions de lieues carrées en terres sauvages et incultes, est celle qui regarde la *colonisation;* l'art de persuader, d'éclairer, de conquérir par des bienfaits; de fonder par la morale et par des travaux bien entendus le bonheur, les vertus, l'opulence toujours croissante d'un peuple nouveau; l'art enfin d'enrichir les autres et soi-même par des avances faites avec une apparente, mais très utile prodigalité.

Je ne dis pas que cette dernière branche de la *science sociale* soit encore *faite,* et à sa perfection; mais les rudimens en sont connus, et le *Western Territory* donne le moyen d'en constater sans cesse les principes par l'expérience. Les Sociétés politiques commencent à y germer d'elles-mêmes comme l'herbe dans les bois. On peut apprendre à les semer et à les cultiver comme les plantes d'un jardin.

Je pense que le cours de cette classe doit durer deux ans; et comme les élèves y auront beaucoup à travailler par eux-mêmes, à lire, à extraire, à critiquer les ouvrages que le Professeur Principal leur indiquera, je crois qu'il leur suffira de prendre leçon tous les deux jours. Ils ont à exercer leur jugement et leur réflexion plus que leur mémoire.

Ce Principal Professeur tiendrait la classe les lundi, mercredi et vendredi pour les élèves de l'année courante, et les mardi, jeudi et samedi pour ceux qui seraient à leur seconde année. Le jour intermédiaire serait aux élèves eux-mêmes : c'est surtout dans cette science qu'il est nécessaire de ne pas *croire*, mais de *savoir*, et d'être formé par sa propre raison, par son propre génie, par les bons sentimens de son propre cœur.

L'autre classe de l'école de *science sociale* sera consacrée à l'étude du *droit civil et criminaliste* du pays.

Mais c'est avec les plus vives instances que je demande qu'on ne l'établisse point avant d'avoir bien examiné d'où naissent l'esprit et les moyens de la chicane, qui multiplient les haines, qui refroidissent la sociabilité, qui restreignent les secours réciproques d'un si grand prix dans un pays encore trop dénué d'habitans, et qui établissent sur la nation un impôt si pesant au détriment même de sa trésorerie. Je supplie qu'avant tout on s'occupe à tarir, ou à diminuer au moins, la source de ces maux par des lois claires, par des règles de procédure simples, et qui tendent toujours à presser le jugement, à finir.

Si l'on jugeait tous les procès au hazard et à coups de *dés*, il y en aurait *la moitié* où l'on ferait justice.

Mais, chez un peuple doux, grave et vertueux, où les juges sont électifs, on ne jugera jamais au hazard. Ainsi tout ce qui conduira plus promptement à terminer les procès sera bon.

Quand la complication des formes, la facilité de l'ergotage, et la multiplicité des *nullités*, souvent collusoires, qui obligent de tout recommencer, pourraient faire que sur trois cents procès, il y en eût un qui fût un peu mieux jugé, la prolongation des deux cent quatre-vingt-dix-neuf autres causerait infiniment plus de mal que cette perfection dans le trois-centième jugement ne pourrait produire de bien.

Mais il est faux que la complication des formes, la multiplication des nullités, et la facilité de l'ergotage, puissent jamais amener un meilleur jugement.

Tout homme honnête et de bon sens peut juger un procès court. Quand les pièces deviennent très-multipliées, il faut des aigles et des anges.

Pourquoi l'Amérique s'opiniâtrerait-elle à imiter en tout l'Angleterre, et encore pour les choses que l'Angleterre elle-même regarde avec raison comme mauvaises dans son gouvernement, et qui seraient depuis long-tems réformées chez elle, si elles ne se trouvaient pas liées à l'intérêt d'une corporation nombreuse et puissante ?

Comment une fille de trente ans ne se piquerait-elle pas de valoir mieux que sa mère ?

Mes chers Américains, retouchez votre *droit civil ;* et ne le faites enseigner *au nom de l'Etat* que lorsque vous en aurez rendu les loix et les formes aussi bonnes que vous en êtes capables.

Quant à votre droit en matière d'accusation criminelle, vous n'avez guères qu'à ne le point laisser altérer.

ÉCOLE DE GÉOMÈTRIE TRANSCENDANTE.

Cette école sera destinée à la plus haute géomètrie et aux sciences usuelles auxquelles elle prête des secours.

Elle aura cinq classes :

Une de *géomètrie transcendante ;* ce sera le Professeur de cette classe qui remplira les fonctions et jouira des droits de *Principal* de l'école.

Une d'*astronomie ;*

Une d'*hydrographie* et de *navigation ;*

Une de la *construction* et du *grèement des vaisseaux ;*

Une du *génie* civil et militaire, et d'artillerie.

La seule nomenclature de ces classes indique assez les lumières que la troisième tirera de la seconde, et que les trois inférieures puiseront dans la première.

Comme ce sera le Professeur de celle-ci qui jugera ses collègues, et les proposera au Conseil général de l'instruction, il les choisira de force à l'entendre ; il pourra donner à leurs cours la direction convenable pour qu'ils soient appuyés sur une véritable instruction, et ne dégénèrent pas en simples méthodes d'ouvriers.

Nous avons actuellement, en France, la construction la plus parfaite pour les coques des bâtimens de guerre, et nous la devons à un de nos plus grands géomètres, BORDA, qui a été major-général de la flotte de M. *d'Estaing*, dans la guerre de l'indépendance des Etats-Unis.

On dit que le meilleur vaisseau de guerre de l'Enrope est la *Conception*, que *Gauthier* a construit pour l'Espagne, d'après les principes de BORDA.

Et les deux meilleures frégates sont *la Pomone* et *la Méduse*, dont *Borda* lui-même a dirigé la construction à Brest, et qui, depuis, ont été malheureusement prises par les Anglais. — Il nous a fait faire quelques autres vaisseaux admirables.

C'est un grand malheur qu'il soit mort avant d'avoir achevé pour le gréement, les calculs et les améliorations qu'il avait si heureusement appliqués au corps des navires. Mais un de ses successeurs le fera.

Quant au *génie* appliqué aux constructions civiles et militaires, aucune nation n'a autant besoin de canaux que les Etats-Unis, et la pluspart de leurs ports manquent des moyens extérieurs de défense.

DE LA DÉPENSE DES QUATRE ÉCOLES SPÉCIALES.

Je ne compterai point dans cette dépense celle des bâtimens, que je regarde comme un monument public destiné à l'embellissement de la capitale, et que je suppose qui seront faits par l'*Union*, pour les écoles spéciales et pour tous les autres établissemens relatifs aux sciences.

La bibliothèque publique ne doit point appartenir aux écoles; mais elle doit être entièrement à leur service et formée en plus grande partie sur les demandes et suivant sle conseils de leurs Professeurs.

Nous n'avons donc à porter en dépense pour la trésorerie que le traitement particulier de ces Professeurs, et quelques autres menus fraix.

Il y aura quinze Professeurs, dont quatre *Principaux* et onze ordinaires.

Je ne crois pas qu'on doive offrir aux *Principaux* moins de *mille dollars* de traitement fixe.

Et aux autres Professeurs moins de *six cents dollars*.

Il faut que par leur traitement même ils soient classés dans l'opinion au-dessus des Professeurs et même des Principaux de collége, car le public qui n'approfondit point, est toujours porté à croire que les hommes valent en raison de ce qu'on les paye.

Ainsi les quatre Principaux coûteront.	4,000 dollars.
Les onze autres professeurs.	6,600
Un portier qui nettoiera les salles. .	200
Autres fraix divers.	300
Total. . .	11,100 dollars.

Pour cette dépense, nous n'aurions pas des Professeurs et des Principaux dignes de leurs places.

Nous leur accorderons donc, comme à ceux de colléges, des droits éventuels.

Et pour que nous puissions dire aux Professeurs, aux *Principaux*, que nous désirerons attacher à nos écoles spéciales, quelle aisance à peu près ils y pourront trouver, il faut le calculer par approximation, ainsi que nous l'avons fait pour les *Principaux* et les Professeurs de nos colléges.

Sans avoir une exactitude rigoureuse, ces calculs éclairent toujours.

Les élèves des écoles spéciales seront, comme ceux des colléges, de deux espèces : les uns aux fraix de l'Etat particulier qui les en aura crus dignes ; les autres aux fraix de leurs parens, ou aux leurs propres.

Nous avons supposé que l'Etat de Virginie pourrait envoyer tous les ans dix élèves Virginiens, à sa charge, dans les écoles spéciales ; ce serait un par chacun de ses colléges.

Si, à raison de leur population libre, les autres Etats ont un nombre proportionnel d'élèves de la République, il en arrivera chaque année à nos grandes écoles *soixante et quinze*, défrayés par les différens États de l'Union. Ainsi, dans dix à douze ans et postérieurement, il y en aura *trois cents* ou environ, suivant qu'ils se seront partagés entre les écoles dont le cours doit durer cinq années, ou quatre, ou trois.

Les élèves soutenus par leurs parens ou par eux-mêmes pourront être en nombre double ou même triple; car il y aura bien deux ou trois fois autant de jeunes gens désireux d'embrasser les professions lucratives qui exigent l'instruction des écoles spéciales, que d'élèves de l'Etat qui méritent d'y être entretenus aux dépens du public ; et, comme on recevra dans ces écoles des étudians de tout âge, plusieurs hommes, entièrement faits, en suivront les cours par le seul amour des sciences.

Les élèves recevront de l'Etat qui les aura envoyés une pension de *deux cents dollars*, dont *cent cinquante* seront laissés à leur disposition pour leur table et autres dépenses personnelles, et *cinquante* seront destinés à leurs Professeurs : savoir *quarante* pour celui qui leur donnera des leçons, et *dix* pour le *Principal* de l'école.

Ceux qui suivront la classe même du *Principal*, lui donneront la totalité de la rétribution.

Chaque élève choisira la profession qu'il voudra embrasser et l'école à laquelle en conséquence il devra s'attacher ; mais il se conformera aux conseils du *Principal* sur l'ordre à mettre entre les classes de cette école.

Les élèves qui seront à leurs propres fraix, ou à ceux de leur famille, paieront annuellement *cent dollars*, sur lesquels quatre-vingt seront pour le Professeur dont ils suivront le cours, et *vingt* pour le *Principal* de l'école dont il dépendra.

Quand ils seront à la classe même du *Principal*, il ne partagera les *cent dollars* avec personne.

Sans répéter ici des tableaux de la nature de ceux que nous avons faits pour les colléges, il suffira de dire que cet arrangement assurera par la suite aux Professeurs, et surtout aux Principaux de nos écoles spéciales, un degré d'aisance infiniment supérieur à celui que les gens de lettres les plus distingués peuvent actuellement espérer en aucun pays.

Cet état avantageux ne leur arrivera que par une progression; mais elle partira d'un terme assez élevé.

Au commencement il n'y aura point d'élèves de l'Etat, et l'on ne peut pas estimer qu'il s'en présente des autres plus de *cent quarante* à *cent cinquante* par an, dans les premières années, répartis selon leur goût entre les diverses écoles.

Il sera nécessaire de ne mettre en activité la première année que les quatre classes principales et deux de leurs dépendantes : ce seraient celles d'*anatomie*, d'ÉCONOMIE ANIMALE et de PATHOLOGIE, de MINÉRALOGIE ; de *chimie docimastique*, de SCIENCE SOCIALE et de GÉOMÉTRIE TRANSCENDANTE : les autres ne seraient ouvertes que, selon le besoin, à la seconde, à la troisième, à la quatrième année.

Avec cette précaution, que l'ordre de l'enseignement réclamerait, quand ce ne serait pas l'intérêt de l'institution, aucun Professeur n'aura en commençant moins de *quatorze cents dollars*, aucun Principal moins de *deux mille*, et leur sort s'améliorera tous les ans, pendant dix à douze années. Au bout de ce terme, les moindres chaires de nos écoles spéciales vaudront *quatre mille dollars* ou *vingt-un mille francs* à leur Professeur ; quelques-unes en produiront moitié en sus, et les quatre principales de *quarante* à *cinquante mille francs* chacune.

De tels traitemens donneront le choix sur l'élite des savans de toutes les nations pour remplir les places de *Professeurs* et de *Principaux* dans nos écoles spéciales. — L'ambition des étudians de l'univers entier sera de pouvoir un jour obtenir une chaire de ces écoles.—WASHINGTON-CITY deviendra le *Boockara*, le *Benarès*, le *Byblos*, le *Cariath-Sepher*, la ville des sciences. Les hommes de la plus haute réputation s'y étant réunis comme *Professeurs*, on ne croira peut-être pas avoir été bien élevé en Europe, si l'on n'est pas venu suivre ses cours.

C'est l'avantage dont a joui Athènes, dont jouissent aujourd'hui *Edimbourg* et *Gœttingue*. Pour se l'assurer, il suffit d'enlever les plus illustres savans de *Gœttingue*, d'*Edimbourg* et des autres villes lettrées en leur procurant un sort extrêmement brillant, qui néanmoins soit lié à la perfection de leur travail, et ne puisse être soutenu que par elle.

Alors nos Professeurs formeront le noyau d'une admirable SOCIÉTÉ PHILOSOPHIQUE. Le génie accourra dans un pays où il sera si puissamment récompensé. Il y fera les plus grands efforts, il y poussera en avant toutes les sciences. Nous aurons augmenté les lumières en leur allumant un vif foyer. Nous aurons fait le bien de l'Amérique et du Monde.

Des Ecoles libres.

PARCE QUE nous aurons établi de bonnes écoles primaires avec d'excellens livres classiques, des colléges ingénieusement combinés, et de très-fortes écoles spéciales, il ne s'ensuivra point que la République américaine ait acquis le pouvoir ni le droit d'attribuer à l'Etat, au Souverain, à ses délégués, à qui que ce soit au monde, le privilége exclusif de l'enseignement. Par-dessus tout, respect aux constitutions.

Instruire est une action louable qui ne doit être prohibée à personne.

Gagner sa vie en instruisant, c'est un métier très honnête, et même très honorable, qui doit être libre comme un autre, et où la concurrence sera utile comme en tout autre.

Ainsi qu'à côté de l'école primaire autorisée par l'Etat, et pour laquelle les citoyens contribueront, quelqu'un établisse une autre école dans laquelle il enseignera d'une autre façon, meilleure ou pire, à lui permis; sous la seule condition que les livres classiques destinés par l'Etat aux écoles primaires entreront aussi dans son enseignement; qu'il n'y joindra pas d'autres livres dangereux; et qu'aux jours d'examen ses élèves se présenteront au concours pour être interrogés sur ces livres classiques nationaux.

Même liberté pour les parens qui voudraient instruire leurs enfans eux-mêmes. Ils payeront au maître de l'école primaire la petite rétribution prescrite par la loi; et ils enverront leurs enfans à l'examen, pour que l'on soit certain qu'ils ont non-seulement lu, mais étudié les premiers livres classiques. Du reste, comme il leur plaira. Si leurs enfans se trouvent plus faibles que les autres, ils se dégoûteront de leur enseignement solitaire. Mais on doit croire qu'un père qui élève son fils y met du soin.

Si un homme, si une société veulent ouvrir un pensionnat, une école secondaire, un collége, une école spéciale plus ou moins relevée, qu'ils en soient entièrement libres; pourvu qu'avant de commencer ils aient soumis au Comité d'instruction, et au Magistrat municipal, les ouvrages ou les cahiers d'après lesquels ils comptent diriger leurs leçons, et que ces ouvrages ne renferment rien de nuisible aux mœurs, ou de propre à inspirer l'athéisme : ce dont le Comité d'instruction sera juge. Et pourvu encore qu'ils demeurent soumis à la surveillance des Comités d'instruction et des Inspecteurs délégués par ces Comités.

Personne, sans doute, ne doit jamais être persécuté ni insulté pour ses opinions religieuses ou irréligieuses, pas plus que pour les occupations ou les amusemens auxquels il se livre dans sa maison, sans nuire à ses concitoyens. Mais, comme une école d'athéisme serait une école de mauvais raisonnement, et affaiblirait une des bases de la morale qui est la conformité des actions à la raison universelle, à la bienfaisance suprême, je ne crois pas que le gouvernement doive permettre que la doctrine ou l'*indoctrine* qui supposerait qu'il n'y a ni RAISON GÉ-

NÉRALE ni GRAND BIENFAITEUR, doive être enseignée à la jeunesse *en classe*. Et je dis la même chose des livres licencieux, qui ne doivent être imprimés, ni exposés en vente nulle part.

La liberté de la presse laisse aux athées, qui se croient philosophes, le moyen d'exposer leurs opinions, s'ils le jugent convenable ; et leur métaphysique étant obscure, leurs raisonnemens ennuyeux, il y a très-peu de danger. Les philosophes déistes, qui emploient une logique plus sévère et ont bien plus beau jeu pour être peintres et poëtes, sont une barrière suffisante entre les athées et les hommes ou les femmes en âge de raison.

Mais, auprès des enfans, leur instructeur que personne ne contredit, aurait un terrible avantage pour fausser leur esprit et déflorer leur cœur. Il ne faut pas plus confier leur instruction à l'athéisme qu'à la débauche.

Ces deux sources de corruption interdites, il ne peut qu'être à désirer qu'un grand nombre d'écoles libres, sans autre encouragement que le génie et l'habileté de leurs maîtres, viennent rivaliser avec les écoles nationales, contrôler nos méthodes, nous éclairer par leur exemple et par leurs succès sur celles que nous y pourrions substituer.

Si, dans les écoles libres, se trouvent un Maître très-distingué, des formes d'instruction très-heureuses, nous pouvons nous fier à l'intérêt des Principaux de nos colléges, pour que ce Maître recommandable soit appellé à quelque chaire ; et nous pouvons nous fier pareillement à l'intérêt des Professeurs pour introduire dans leur classe ce qui, dans l'école libre, aura bien réussi. Ce n'est pas pour rien que nous avons fondé la plus forte partie de leur traitement sur des droits éventuels, proportionnés au nombre de leurs écoliers ; et il sera très-bon que leur vigilance, leur zèle, leur activité, leur intelligence, déjà stimulés par la concurrence entre les colléges, le soient encore par celle des écoles libres.

Laissons faire. Tout ce qui ne nuit pas, sert.

Des Comités particuliers et du Conseil général de l'Instruction publique.

J'ai déjà beaucoup parlé des *Comités de l'instruction*, et indiqué une grande partie des fonctions dont je pense qu'ils doivent être chargés ; mais il faut exposer plus clairement comment je désire que soient formés ces Comités, et quelle étendue d'autorité il pourra être bon de leur remettre.

Je voudrais que la législature de chacune des Républiques américaines nommât, de la manière qu'elle jugera la meilleure, un Comité de cinq ou de sept membres pour administrer l'instruction publique dans l'intérieur de son Etat.

La qualité de Représentant ou de Sénateur ne serait point nécessaire pour être Membre du Comité de l'instruction, mais n'y serait point incompatible. Ainsi la Législature choisirait, selon sa volonté, dans son sein, ou hors de son sein, les Commissaires de l'instruction. Ils seraient nommés pour sept ans; ensuite il en sortirait un par année : mais ils seraient rééligibles.

Dans chaque Etat, le Comité de l'instruction que sa Législature aurait ainsi établi, surveillerait tout l'enseignement national; nommerait les Principaux des colléges; accorderait son agrément aux Professeurs et aux Maîtres de quartier et d'écoles; pourrait les destituer, ainsi que les Principaux eux-mêmes; se ferait rendre compte de tous les travaux; présiderait par un de ses Membres, ou par un Commissaire délégué, avec la Municipalité et les officiers publics du lieu, à la distribution des prix; rendrait tous les ans compte à la Législature des travaux des colléges ou des écoles; publierait les noms des élèves couronnés; proposerait, par forme de pétition, les lois ou les dépenses qu'il croirait nécessaires à l'instruction. Il aurait de plus l'inspection des écoles libres qui ne s'ouvriraient qu'avec son agrément, après lui avoir communiqué leurs plans, leurs livres et leurs cahiers, et qu'il pourrait clore, si les principes en devenaient dangereux ou la conduite répréhensible; enfin, élirait un Membre pour contribuer à former le Conseil général de l'instruction des Etats-Unis, et pourrait le prendre dans son propre sein ou dehors, et de même dans le Congrès ou hors du Congrès.

Ce Conseil général, composé d'autant de Membres qu'il y a d'Etats, administrerait les grandes écoles spéciales; nommerait leurs quatre Principaux; donnerait son agrément aux autres Professeurs; pourrait les destituer; dirigerait la Bibliothèque nationale et le Muséum; tiendrait correspondance avec les Comités d'instruction des différens Etats, afin de pouvoir tous les ans rendre compte au Congrès de la situation et des progrès de l'enseignement public dans la totalité de la grande République américaine; et proposerait au Congrès, toujours par forme de pétition, ce qu'il jugerait utile à l'avancement des sciences. Tous les Corps enseignans doivent être en relation directe ou indirecte avec le Corps législatif et le Pouvoir administratif. Il faut que la Patrie soit présente partout pour être partout protectrice.

Le Conseil général de l'Instruction serait présidé par un de ses membres élu pour trois ans au scrutin par la majorité absolue de ses collégues, confirmé par le Sénat, et perpétuellement rééligible. (1)

---

(1) Il est sensible que le citoyen qui se livrait à ces projets en 1800, n'a pu qu'éprouver un grand plaisir en voyant instituer en France le Conseil de l'Université.

RÉSUMÉ GÉNÉRAL.

Ce qu'il importe le plus particulièrement à la Nation de bien élever, c'est la Nation elle-même.

Il faut que par l'habitude des idées justes et des pensées honnêtes contractées dès leur première enfance, développées avec l'âge, ses citoyens soient également préservés de la tentation de commettre l'abus, et de la faiblesse de le souffrir.

Les livres classiques qui commencent nécessairement toute instruction, ceux avec lesquels on apprendra l'art d'écrire et de lire, doivent donc renfermer tous les principes de la morale, la notion des droits, les règles fondamentales des devoirs, les maximes de la sagesse, les proverbes du bon sens. Aucun de ces livres n'existe.

Il y faut joindre quelques élémens de la physique et de l'histoire naturelle, afin d'apprendre à voir, à penser, à n'être pas dans le monde en pays entièrement inconnu, à sentir les bienfaits du Créateur, la nécessité d'être bon sous les yeux et la puissance de l'intelligence suprême, qui communique avec nous par la raison qu'elle nous a donnée, et qui, dans toutes ses œuvres, montre tant de bonté.

En considérant les lois inviolables qu'elle impose à

l'univers, il faut *trouver* celles de la géomètrie, et en saisir assez pour diriger les travaux journaliers que tout homme peut avoir à exécuter ou à conduire.

Et toutes ces bases d'un louable emploi de la vie doivent être exposées brièvement, avec un art si naturel, avec un tel charme, que les vérités utiles entrent dans la tête des enfans en se gravant dans leur cœur par l'attrait du sentiment et du plaisir.

On pourra, par deux concours successifs, dont le second aura pour objet de perfectionner les matériaux qu'aura produits le premier, se procurer en trois ou quatre années ces livres si indispensables.

Ils coûteront cher ;—ce qu'ils valent. —Mais comme chaque enfant sera obligé de les acheter pour aller à l'école, loin que les sommes avancées pour avoir ces livres soient une dépense réelle, ce sera la création d'une puissante et durable ressource pour une partie des autres fraix de l'éducation publique.

La peine des enfans sera ménagée. Par l'écriture ils apprendront la lecture ; par le choix des mots, puis des phrases qu'ils auront pris plaisir à écrire, la grammaire, la morale, un peu d'histoire naturelle et de physique ; par la physique, la géomètrie ; par la géomètrie, l'algèbre ; par l'algèbre, l'arithmétique. Ils contracteront l'habitude de lier l'une à l'autre les observations qu'ils aiment tous à faire. Ils exerceront leur propre logique, et leur esprit gardera de la justesse. Ils connaîtront toujours les choses avant de s'occuper des signes et des mots ; ceux-ci n'arriveront pas à leur esprit comme des institutions arbitraires, mais comme des secours désirés pour fixer les idées et soulager la mémoire.

Ils feront, sous les yeux de leurs maîtres, ce qu'ils font d'eux-mêmes, des expériences pour reconnaître des faits. C'est l'amusement utile auquel la nature les a destinés et les porte sans cesse.

Une jouissance aussi douce, encore plus noble, leur sera préparée. Dès l'école primaire, ils seront accoutumés à se juger l'un l'autre équitablement ; à rendre librement hommage au travail, aux talens ; à tâcher de mériter cet honorable hommage.

On aura développé leur intelligence, formé leur jugement, leur esprit, leur caractère, leur raison, leur vertu.

Que telle soit la Nation : et cette Nation ne pourra jamais avoir d'égales que ses imitatrices.

Le cours des écoles primaires durera trois ans, depuis sept jusqu'à dix ; et, en s'aidant, avantageusement pour eux-mêmes, de ceux de ses élèves que leurs compagnons estimeront le plus, le Maître pourra, sans perte de tems, suffire aux trois classes que ce cours exige.

Le même sentiment de justice, et d'émulation sans envie, qui aura moralisé les enfans dans les écoles primaires, ne cessera point d'accompagner au collége ceux que leurs émules auront jugés dignes que l'Etat les y soutienne, et ceux que leurs parens auront pareillement destinés à une éducation lettrée. Ils auront de perpétuelles occasions de l'exercer.

En cherchant à porter dans l'établissement des colléges l'ordre favorable à l'instruction qu'on doit y recevoir, au bon esprit qui doit y régner, on trouvera des fonds pour subvenir sans effort extraordinaire à la totalité, ou à la plus grande partie de la construction des bâtimens.

Dans ces colléges, la jeunesse aura sept cours à suivre sous six Professeurs. Elle sera mise à portée d'apprendre, depuis dix ans jusqu'à dix-sept, quatre langues, leur littérature, et, ce qui vaut beaucoup mieux, quatorze sciences réelles dont la pluspart ne sont pas encore entrées dans l'enseignement des colléges de l'Europe.

Ne pouvant à cet âge, et dans cet espace de tems, donner, sur tant de choses, toutes nécessaires à savoir, que de forts élémens et ce qu'il y a de plus usuel, on en aura tellement combiné, enchaîné l'étude, que les élèves ne pourront oublier aucune partie de ce qu'ils en auront appris; que les rapports de ces diverses connaissances leur seront familiers; que *la Philosophie des sciences* leur restera; qu'ils en feront usage avec distinction toute leur vie, et passeront en tous lieux pour des hommes instruits, propres à le devenir chaque jour davantage, et à juger avec lumières ceux mêmes qui le seront encore plus qu'eux.

Parmi ces hommes instruits, l'éminente capacité et les vertus sociales désigneront ceux que la Patrie continuera d'adopter. En décernant des couronnes au talent, on élèvera des autels à l'amitié, dans le collége comme à l'école primaire.

Ceux qui seront destinés aux plus hautes sciences et aux professions les plus lettrées, recevront au collége, durant quelques années de vétérance, une instruction plus forte que ceux qui ne veulent qu'être au niveau des littérateurs et des savans ordinaires.

Les écoles supérieures seront dirigées à l'utilité autant que vers le savoir.

La géomètrie transcendante y sera donnée pour vérificatrice à l'astronomie, pour guide à la construction des vaisseaux et à la navigation, pour base à la défense de la Patrie.

La botanique, l'anatomie, la chimie pharmaceutique y seront liées à la médecine et à la chirurgie.

La minéralogie y aura ses deux bras, la chimie docimastique et la géomètrie souterraine.

Et la science du jurisconsulte y sera subordonnée à celle de l'homme d'Etat.

Il s'y trouvera deux classes de chimie ; et, si elles n'y sont placées qu'au second rang, c'est qu'il n'en est pas de cette science comme de la géomètrie, dont les élémens sont très-faciles, et les hauteurs ne peuvent être atteintes qu'après un long travail. En chimie, au contraire, on est obligé de commencer par les principes les plus sublimes de la science ; et c'est ce que l'on fera dans les écoles secondaires. Les expériences, telles qu'elles puissent être, n'en sont que la démonstration. Il faut savoir la chimie et ses manipulations au collége. Dans l'école spéciale, il faut seulement l'appliquer aux sciences qui ont besoin de son ministère. Les écoles ne peuvent, ne doivent enseigner les sciences que dans l'état où elles sont, au point où on les a portées ; c'est aux savans isolés et aux Sociétés philosophiques qu'il appartient de les pousser en avant.

Dans chaque grande école, et dans chaque collége, on tâchera de prévenir les dissensions, de maintenir l'unité des vues, de garantir la bonté des choix, en bornant l'autorité du gouvernement ou des administrateurs de l'instruction publique, à la nomination *d'un Principal* par collége ou par école, et au droit de confirmer, ou de rejeter les autres agens de l'éducation ; confiant aux lumières ainsi qu'à l'intérêt du Principal le choix de ses coopérateurs. Son intérêt est à cet égard le meilleur gage qu'on puisse donner du plus sage emploi de ses lumières.

Les places d'instructeurs seront rendues très désirables par des droits éventuels dont le produit sera naturellement augmenté en raison du bon travail et de la réputation qui en est la suite. Et cependant la République accordera un fonds modéré de traitemens fixes, pour conserver un droit positif de commander, d'administrer, de destituer; et aussi pour avoir à proposer aux gens de lettres qu'on voudra déterminer, quelque chose de plus positif que des espérances. Mais celles-ci seront appuyées sur des données si solides qu'elles devront faire une grande impression, et attacher au service de l'éducation nationale dans les Etats-Unis des hommes de la première élite.

Ils n'auront point de privilége exclusif. L'enseignement libre, comme tous les autres travaux humains, sous la seule condition de respecter les bases de la morale, pourra, dans tous les degrés de l'instruction, leur offrir une salutaire concurrence.

Tout établissement public doit avoir un centre. Celui de l'éducation nationale sera, en chaque Etat, dans un Comité nommé par le Corps législatif; et pour les grandes écoles spéciales dans un Conseil général, dont les Comités particuliers de chaque Etat éliront chacun un membre.

Ce Conseil et ces Comités seront l'organe du Souverain pour administrer tout ce qui aura rapport à l'éducation; et, auprès des Corps législatifs ou du Congrès, les solliciteurs naturels des opérations et des loix qui pourront servir au progrès des lumières.

Puissent ces idées, exprimées plus rapidement et moins bien que je ne l'aurais désiré, satisfaire une partie des vues de l'excellent citoyen qui m'a demandé de les écrire ! Puissent-elles commencer à payer les dettes de l'amitié qu'il m'a toujours inspirée, et de l'hospitalité que m'accorde sa patrie !

A *Good-Stay*, près New-York.

15 juin 1800.

FAUTES D'IMPRESSION

Que l'on prie les Lecteurs de vouloir bien corriger ou faire corriger à la main.

Pag. 40, *lig.* 5 ; *avant* carton, *ajoutez* en.
Même page, *lig.* 13 ; seize, *mettez* dix-huit.
Pag. 46. *ligne* 20 ; des, *rayez* l'*s*.
Pag. 66, *lig.* 8, *et pag.* 67, *lignes* 3 *et* 19 ; classes, *rayez* l'*s*.
Au revers de la page 85, on a paginé 88 ; mettez 86.
Pag. 90, *lig.* 2, seize ; *mettez* dix-huit.
Pag. 91, *lig.* 9 ; ne serait, *mettez* peut n'être.
Page 94 *dans le titre courant*, *ôtez le point qui se trouve après* CONTRIBUTIONS.
Page 133, *lign. dernière*, sle ; *mettez* les.

		LANGUES ANCIENNES. Littérature.		Langue française, et Morale.	Langue allemande, Idéologie, et Logique.	Géométrie, Algèbre, et Sciences Physico-Mathématiq.	Chimie, Physique et Histoire naturelle.	Droit naturel, Economie politique, Histoire, Droit national.
		Grec.	Latin.					
Lundi........	Matin.	Leçon depuis huit heures jusqu'à dix. Leçon depuis onze h. jusqu'à une aux écoliers de la classe latine, pour repasser la langue grecque. Récréation aux écoliers du grec.	Travail dans la classe depuis 8 h. jusqu'à 10, sous la direction de l'élève chef de classe et du maître de quartier. La classe se rend à celle de Grec, pour y repasser la langue grecque.	Leçon depuis 8 h. jusqu'à 10. — Leçon depuis 11 h. jusqu'à 1 aux écoliers de la classe allemande, pour repasser la langue française. Récréation aux écoliers de français.	Leçon depuis 8 h. jusqu'à 10. — La classe se rend à celle de français pour y repasser la langue française.	Leçon depuis 8 h. jusqu'à 10. — Leçon depuis 11 h. jusqu'à 1 aux deux classes supérieures, pour repasser les sciences physico-mathématiques.	Leçon depuis 8 h. jusqu'à 10. — La classe se rend, avec celle d'Histoire, à celle de Géométrie, pour y repasser les sciences physico-mathématiques.	Leçon depuis 8 h. jusqu'à 10. — La classe se rend, avec celle de Physique, à celle de Géométrie, pour y repasser les sciences physico-mathématiques.
	Soir.	Travail dans la classe depuis cinq heures jusqu'à sept et demie, sous la direction de l'élève chef de classe et du maître de quartier.	Leçon depuis 5 jusqu'à 7 h.	Leçon depuis 5 jusqu'à 7 h.	Leçon depuis 5 jusqu'à 7 h.	Leçon depuis 5 jusqu'à 7 h.	Leçon depuis 5 jusqu'à 7 h.	Leçon depuis 5 jusqu'à 7 h.
Mardi........	Matin.	Leçon depuis huit heures jusqu'à dix.	Travail dans la classe depuis 8 h. jusqu'à 10 et demie, sous la direction de l'élève chef de classe et du maître de quartier. — Leçon depuis 11 h. jusqu'à 1 aux écoliers de la classe française pour repasser la langue latine.	Leçon depuis 8 h. jusqu'à 10. — La classe se rend à celle de Latin, pour y repasser la langue latine.	Leçon depuis 8 h. jusqu'à 10. — Leçon depuis 11 jusqu'à 1 h. aux écol. de toutes les classes supér. pour repasser l'idéologie et la langue allemande. — Récréation aux écoliers d'allemand.	Leçon depuis 8 h. jusqu'à 10. — La classe se rend, avec les deux supérieures, à celle d'Allemand, pour y repasser l'idéologie et la langue allemande.	Leçon depuis 8 h. jusqu'à 10. — La classe se rend, avec les autres supérieures, à celle d'Allemand, pour y repasser l'idéologie et la langue allemande.	Leçon depuis 8 h. jusqu'à 10. — La classe se rend, avec les deux précédentes, à celle d'Allemand, pour y repasser l'idéologie et la langue allemande.
	Soir.	Travail dans la classe depuis cinq heures jusqu'à sept et demie, sous la direction de l'élève chef de classe et du maître de quartier.	Leçon depuis 5 jusqu'à 7 h.	Leçon depuis 5 jusqu'à 7 h.	Leçon depuis 5 jusqu'à 7 h.	Leçon depuis 5 jusqu'à 7 h.	Leçon depuis 5 jusqu'à 7 h.	Leçon depuis 5 jusqu'à 7 h.
Mercredi........	Matin.	Leçon depuis huit heures jusqu'à dix. Leçon depuis onze heures jusqu'à une aux écoliers de toutes les autres classes pour repasser la littérature grecque. Récréation aux écoliers de grec.	Travail dans la classe depuis 8 h. jusqu'à 10, sous la direction de l'élève chef de classe et du maître de quartier. — La classe se rend, avec les autres, à celle de Grec, pour y repasser la littérature grecque.	Leçon depuis 8 h. jusqu'à 10. — La classe se rend, avec les autres, à celle de Grec, pour y repasser la littérature grecque.	Leçon depuis 8 h. jusqu'à 10. — La classe se rend, avec les autres, à celle de Grec, pour y repasser la littérature grecque.	Leçon depuis 8 h. jusqu'à 10. — La classe se rend, avec les autres, à celle de Grec, pour y repasser la littérature grecque.	Leçon depuis 8 h. jusqu'à 10. — La classe se rend, avec les autres, à celle de Grec, pour y repasser la littérature grecque.	Leçon depuis 8 h. jusqu'à 10. — La classe se rend, avec les autres, à celle de Grec, pour y repasser la littérature grecque.
	Soir.	Travail dans la classe depuis 5 h. jusqu'à 7 et demie sous la direction de l'élève chef de classe et du maître de quartier.	Leçon depuis 5 jusqu'à 7 h.	Leçon depuis 5 jusqu'à 7 h.	Leçon depuis 5 jusqu'à 7 h.	Leçon depuis 5 jusqu'à 7 h.	Leçon depuis 5 jusqu'à 7 h.	Leçon depuis 5 jusqu'à 7 h.
Jeudi........	Matin.	Leçon depuis huit heures jusqu'à dix.	Travail dans la classe depuis 8 h. jusqu'à 10 et demie, sous la direct. de l'élève chef de classe et du maître de quart. — Leçon depuis 11 h. jusqu'à 1 aux écoliers de toutes les cl. supérieures, pour repasser la littérature latine. — Récréation aux écoliers de latin.	Leçon depuis 8 h. jusqu'à 10. — La classe se rend, avec les autres, à celle de Latin, pour y repasser la littérature latine.	Leçon depuis 8 h. jusqu'à 10. — La classe se rend, avec les autres, à celle de Latin, pour y repasser la littérature latine.	Leçon depuis 8 h. jusqu'à 10. — La classe se rend, avec les autres, à celle de Latin, pour y repasser la littérature latine.	Leçon depuis 8 h. jusqu'à 10. — La classe se rend, avec les autres, à celle de Latin, pour y repasser la littérature latine.	Leçon depuis 8 h. jusqu'à 10. — La classe se rend, avec les autres, à celle de Latin, pour y repasser la littérature latine.
	Soir.	Congé général.	Congé général.	Congé général.	Congé général.	Congé général.	Congé général.	Congé général.
Vendredi........	Matin.	Leçon depuis 8 h. jusqu'à 10 h. et demie.	Travail dans la classe, depuis 8 h. jusqu'à 10 et demie, sous la direction de l'élève chef de classe et du maître de quartier.	Leçon depuis 8 h. jusqu'à 10. — Leçon depuis 11 jusqu'à 1 h. aux écoliers de toutes les cl. supér., pour repasser la morale et la langue française. — Récréation aux écoliers de français.	Leçon depuis 8 h. jusqu'à 10. — La classe se rend à celle de Français, avec toutes les classes supérieures, pour repasser la morale et la langue française.	Leçon depuis 8 h. jusqu'à 10. — La classe se rend, avec toutes les supérieures, à celle de Français, pour y repasser la morale et la langue française.	Leçon depuis 8 h. jusqu'à 10. — La classe se rend, avec les autres, à celle de Français, pour y repasser la morale et la langue française.	Leçon depuis 8 h. jusqu'à 10. — La classe se rend, avec les autres, à celle de Français, pour y repasser la langue française et la morale.
	Soir.	Travail dans la classe depuis 5 h. jusqu'à 7 et demie, sous la direct. de l'élève chef de classe et du maître de quartier.	Leçon depuis 5 heures jusqu'à 7 et demie.	Leçon depuis 5 jusqu'à 7 h.	Leçon depuis 5 jusqu'à 7 h.	Leçon depuis 5 jusqu'à 7 h.	Leçon depuis 5 jusqu'à 7 h.	Leçon depuis 5 jusqu'à 7 h.
Samedi........	Matin.	Leçon depuis 8 h. jusqu'à 10 et demie.	Travail dans la classe depuis 8 h. jusqu'à 10 et demie, sous la direction de l'élève chef de classe et du maître de quartier.	Leçon depuis 8 h. jusqu'à 10 et demie.	Leçon depuis 8 h. jusqu'à 10. — Leçon depuis 11 jusqu'à 1 h. aux écoliers de géométrie pour repasser la langue allemande.	Leçon depuis 8 h. jusqu'à 10. — La classe se rend à celle de Langue allemande, pour y repasser cette langue.	Leçon depuis 8 h. jusqu'à 10. — Leçon depuis 11 jusqu'à 1 h. aux écol. de la classe d'Histoire, pour y repasser la chimie et la physique. — Récréat. aux écol. de chimie.	Leçon depuis 8 h. jusqu'à 10. — La classe se rend à celle de Chimie, pour y repasser cette science et la physique.
	Soir.	Travail dans la classe depuis 5 h. jusqu'à 7 et demie, sous la direc. de l'élève chef de cl. et du maître de quartier.	Leçon depuis 5 h. jusqu'à 7 et demie.	Leçon depuis 5 h. jusqu'à 7 et demie.	Leçon depuis 5 jusqu'à 7 h.	Leçon depuis 5 h. jusqu'à 7, aux écoliers de la classe de Chimie, pour repasser la géométrie et l'algèbre. — Récréation aux élèves de géométrie.	La classe se rend à celle de Géométrie, pour y repasser cette science et l'algèbre.	Leçon depuis 5 jusqu'à 7 h.

TABLE

DES MATIÈRES ET DES ARTICLES

TRAITÉS DANS CET ESSAI.

Pages.

Pages.

Pages.

Pages.

FIN DE LA TABLE.

www.ingramcontent.com/pod-product-compliance
Ingram Content Group UK Ltd.
Pitfield, Milton Keynes, MK11 3LW, UK
UKHW031859260826
14628UKWH00002B/874

9 782013 430579